W0047570

Fischer TaschenBibliothek

Alle Titel im Taschenformat finden Sie unter:
www.fischer-taschenbibliothek.de

»Ich kenne wen, der litt akut / An Fußballwahn und Fuß-ballwut.« Spielerische Verse haben Joachim Ringelnatz be-rühmt gemacht. Das große Lesebuch enthält entsprechend eine umfassende Auswahl der witzigsten Gedichte. Dar-über hinaus aber kann man auch den politischen Autor und den unverbesserlichen Romantiker entdecken.

Joachim Ringelnatz wurde am 7. August 1883 unter dem bür-gerlichen Namen Hans Bötticher im sächsischen Wurzen geboren. Er veröffentlichte seine ersten Gedichte in »Auer-bachs Deutschem Kinderkalender«, der von seinem Vater, dem Humoristen Georg Bötticher, herausgegeben wurde. Ringelnatz führte ein bewegtes Leben: als Schiffsjunge und Matrose auf See, als Lehrling in Hamburg, als Hausmeister in England, als Angestellter eines Reisebüros in München. In der Schwabinger Künstlerkneipe ›Simplicissimus‹ wurde er Hausdichter. Im Ersten Weltkrieg diente er in der Ma-rine, anschließend arbeitete er als Kabarettist, unter dem Regime der Nationalsozialisten hatte er Auftrittsverbot. Zu seinen berühmtesten Figuren gehört der Seemann Kut-tel Daddeldu. Der Schriftsteller ist für seine Selbstparodie, Nonsens und Satire bekannt. Joachim Ringelnatz starb am 17. November 1934 völlig verarmt in Berlin.

Weiter Informationen, auch zu E-Book-Ausgaben, finden Sie bei www.fischerverlage.de

Joachim Ringelnatz

DAS GROSSE LESEBUCH

Herausgegeben von
Mirjam Neusius

Fischer TaschenBibliothek

Veröffentlicht im Fischer Taschenbuch Verlag,
einem Unternehmen der S. Fischer Verlag GmbH,
Frankfurt am Main, Dezember 2012

© S. Fischer Verlag GmbH, Frankfurt am Main 2012
Umschlaggestaltung: bilekjaeger, Stuttgart
Umschlagillustration: Fred Benedikt Dolbin, »Zeichnung«
© VG Bild-Kunst, Bonn und
Picture-Alliance/akg-images (Foto)
Satz: Pinkuin Satz und Datentechnik, Berlin
Druck und Bindung: CPI – Clausen & Bosse, Leck
Printed in Germany
ISBN 978-3-596-51271-3

Inhalt

GEDICHTE

PROSA

AUTOBIOGRAPHISCHES

GEDICHTE

Vom Wesen der Dinge

Ein männlicher Briefmark erlebte
Was Schönes, bevor er klebte.
Er war von einer Prinzessin beleckt.
Da war die Liebe in ihm erweckt.

Er wollte sie wiederküssen,
Da hat er verreisen müssen.
So liebte er sie vergebens.
Das ist die Tragik des Lebens!

Die Ameisen

In Hamburg lebten zwei Ameisen,
Die wollten nach Australien reisen,
Bei Altona auf der Chaussee
Da taten ihnen die Beine weh,
Und da verzichteten sie weise
Denn auf den letzten Teil der Reise.

So will man oft und kann doch nicht
Und leistet dann recht gern Verzicht.

Die Schnupftabaksdose

Es war eine Schnupftabaksdose,
Die hatte Friedrich der Große
Sich selbst geschnitzelt aus Nußbaumholz.
Und darauf war sie natürlich stolz.

Da kam ein Holzwurm gekrochen.
Der hatte Nußbaum gerochen.
Die Dose erzählte ihm lang und breit
Von Friedrich dem Großen und seiner Zeit.

Sie nannte den alten Fritz generös.
Da aber wurde der Holzwurm nervös
Und sagte, indem er zu bohren begann:
»Was geht mich Friedrich der Große an!«

Es war ein Brikett, ein großes Genie,
Das Philosophie studierte
Und später selbst an der Akademie
Im gleichen Fache dozierte.

Es sprach zur versammelten Briketterie:
»Verehrliches Auditorium,
Das Leben – das Leben – beachten Sie –
Ist nichts als ein Provisorium.«

Da wurde als ketzerisch gleich verbannt
Der Satz mit dem Provisorium.
Das arme Brikett, das wurde verbrannt
In einem Privatkrematorium.

Die Badewanne prahlte sehr.
Sie hielt sich für das Mittelmeer
Und ihre eine Seitenwand
Für Helgoländer Küstenland.
Die andre Seite – gab sie an –
Sei das Gebirge Hindustan,
Und ihre große Rundung sei
Bestimmt die Delagoabai.
Von ihrem spitzen Ende vorn
Erklärte sie, es sei Kap Horn.
Den Kettenzug am Regulator
Hielt sie sogar für den Äquator.
Sie war – nicht wahr, das merken Sie? –
Sehr schwach in der Geographie.
Dies eingebildete Bassin.
Es wohnte im Quartier latin.

Überall

Überall ist Wunderland.
Überall ist Leben.
Bei meiner Tante im Strumpfenband
Wie irgendwo daneben.

Überall ist Dunkelheit.
Kinder werden Väter.
Fünf Minuten später
Stirbt sich was für einige Zeit.
Überall ist Ewigkeit.

Wenn du einen Schneck behauchst,
Schrumpft er ins Gehäuse.
Wenn du ihn in Kognak tauchst,
Sieht er weiße Mäuse.

Es war einmal ein Kannibale,
Der war aus Halle an der Saale.
Man sah ihn oft am Bodensee
Für zwanzig Pfennige Entree.

Die Leipziger Fliege

Ob wohl die Fliegen Eier in uns legen,
Wenn sie so lange auf uns sitzen bleiben,
Und wir sie, weil wir schlafen, nicht vertreiben?

Man sollte seinen Körper viel mehr pflegen.
Die Fliege, die mich darauf brachte,
Als ich in meinem Mietslogis erwachte,
War eine greisenhafte und ergraute.
Daß ich nur zaghaft mir getraute,
Sie wenigstens ein bißchen totzuschlagen.

Sie sterben im November sowieso
In Leipzig. (Später als wie anderswo.)
Wie können Sterbende doch oft noch plagen,
Das Alter stimmt nicht immer mild.

Sie sind unheimlich dann und boshaft wild.

Doch unter solcher feuchten Sumpfluft leiden
Alle. Leipzig hat seinen Hustenreiz.
Man sollte im November Leipzig meiden,
Nach Frankreich reisen oder in die Schweiz.

Die Fliege hat mir alle Lust genommen.
Ich bin nicht wach und bin auch nicht im Schlaf.
Als müßte ein Gewitter kommen.

Ob wohl ein Blitz je eine Fliege traf?

Gladderadatsch

Es hatte ein Igel sich geckenhaft und blasiert
Am ganzen Körper von oben bis unten rasiert,
Weil er abstechen wollte.
Stach wirklich auch ab. Da nahte ein Fuchs.
Worauf der Igel sich igelartig zusammenrollte.
Aber der Fuchs verschluckte ihn flugs.
Igel bat Fuchsen, ihn doch wieder auszubrechen;
Er sei ein Igel und könnte empfindlich stechen.
Und mittels bauchrhetorischer Worte
Sprach der Fuchs: »Sie müssen verzeihn;
Ich hielt Sie für ein kindliches Schwein,
Werde nun aber sofort Sie befrein.
Wenn ich bitten darf – durch die Hinterpforte.«
Der Igel gab keinen Laut
Mehr von sich. Er war schon verdaut.

Ein Nagel saß in einem Stück Holz

Ein Nagel saß in einem Stück Holz.
Der war auf seine Gattin sehr stolz.
Die trug eine goldene Haube
Und war eine Messingschraube.
Sie war etwas locker und etwas verschraubt,
Sowohl in der Liebe, als auch überhaupt.
Sie liebte ein Häkchen und traf sich mit ihm
In einem Astloch. Sie wurden intim.
Kurz, eines Tages entfernten sie sich
Und ließen den armen Nagel im Stich.
Der arme Nagel bog sich vor Schmerz.
Noch niemals hatte sein eisernes Herz
So bittere Leiden gekostet.
Bald war er beinah verrostet.

Da aber kehrte sein früheres Glück,
Die alte Schraube wieder zurück.

Sie glänzte übers ganze Gesicht.
Ja, alte Liebe, die rostet nicht!

Arm Kräutchen

Ein Sauerampfer auf dem Damm
Stand zwischen Bahngeleisen,
Machte vor jedem D-Zug stramm,
Sah viele Menschen reisen

Und stand verstaubt und schluckte Qualm
Schwindsüchtig und verloren,
Ein armes Kraut, ein schwacher Halm,
Mit Augen, Herz und Ohren.

Sah Züge schwinden, Züge nahn.
Der arme Sauerampfer
Sah Eisenbahn um Eisenbahn,
Sah niemals einen Dampfer.

Ein Kehlkopf litt an Migräne

Ein Kehlkopf litt an Migräne
Und schrie wie eine Hyäne,
Er schrie sich wund.
Doch als ihm niemand zu Hilfe kam
Und niemand sein Geschrei vernahm,
War er auf einmal – – – gesund.

Logik

Die Nacht war kalt und sternenklar,
Da trieb im Meer bei Norderney
Ein Suahelischnurrbarthaar. –
Die nächste Schiffsuhr wies auf drei.

Mir scheint da mancherlei nicht klar,
Man fragt doch, wenn man Logik hat,
Was sucht ein Suahelihaar
Denn nachts um drei am Kattegatt?

Meine Muska Domestica

Hoch soll sie leben!
Auch tief darf sie leben,
Meine Stubenfliege in der Winterzeit.
Alle Sauberkeit
Darf sie schwarz verkleben.

Was mag sie denken?
Was mag sie lenken,
Wenn sie scheinbar sinnlos auf dem Frühstückstisch
Zwischen Braten, Käse, Milch und Fisch
Immer unbehelligt flugwirr flieht,
Aber plötzlich einen Tischtuchfleck beehrt,
Wo kein Mensch etwas Besonderes sieht?

Ist ein Krümelchen wohl eines Totschlags wert!?

Mag sie meinetwegen
Ihre Eier legen
Wann, wohin und wieviel ihr beliebt!

Immer noch studiere
Ich am kleinsten Tiere:
Welche himmelhohen Rätsel es gibt.

Heimatlose

Ich bin fast
Gestorben vor Schreck:
In dem Haus, wo ich zu Gast
War, im Versteck,
Bewegte sich,
Regte sich
Plötzlich hinter einem Brett
In einem Kasten neben dem Klosett,
Ohne Beinchen,
Stumm, fremd und nett
Ein Meerschweinchen.
Sah mich bange an,
Sah mich lange an,
Sann wohl hin und sann her,
Wagte sich
Dann heran
Und fragte mich:
»Wo ist das Meer?«

Stille Winterstraße

Es heben sich vernebelt braun
Die Berge aus dem klaren Weiß,
Und aus dem Weiß ragt braun ein Zaun,
Steht eine Stange wie ein Steiß,

Ein Rabe fliegt, so schwarz und scharf
Wie ihn kein Maler malen darf,
Wenn er's nicht etwa kann.
Ich stapse einsam durch den Schnee.
Vielleicht steht links im Busch ein Reh
Und denkt: Dort geht ein Mann.

Im Park

Ein ganz kleines Reh stand am ganz kleinen Baum
Still und verklärt wie im Traum.
Das war des Nachts elf Uhr zwei.
Und dann kam ich um vier
Morgens wieder vorbei,
Und da träumte noch immer das Tier.
Nun schlich ich mich leise – ich atmete kaum –
Gegen den Wind an den Baum,
Und gab dem Reh einen ganz kleinen Stips.
Und da war es aus Gips.

Turngedichte

Turner-Marsch
(Melodie: Leise flehen meine Lieder)

Schlagt die Pauken und Trompeten,
Turner in die Bahn!
Turnersprache laßt uns reden.
Vivat Vater Felix Dahn!
Laßt uns im Gleichschritt aufmarschieren,
Ein stolzes Regiment.
Laßt die Fanfaren tremulieren!
Faltet die Fahnen ent!

Die harte Brust dem Wetter darzubieten,
Reißt die germanische Lodenjoppe auf!
Kommet zu Hauf!
Wir wollen uns im friedlichen Wettkampf üben.

Braust drei Hepp-hepps und drei Hurras
Um die deutschen Eichenbäume!
Trinkt auf das Wohl der deutschen Frauen ein Glas,
Daß es das ganze Vaterland durchschäume.
Heil! Umschlingt euch mit Herz und Hand,
Ihr Brüder aus Nord-, Süd- und Mitteldeutschland!
Daß einst um eure Urne
Eine gleiche Generation turne.

Freiübungen
(Grund-Stellung)

Wenn eine Frau in uns Begierden weckt
Und diese Frau hat schon ihr Herz vergeben,
Dann (Arme vorwärts streckt!)
Dann ist es ratsam, daß man sich versteckt.
Denn später (langsam auf den Fersen heben!)
Denn später wird uns ein Gefühl umschweben,
Das von Familiensinn und guten Eltern zeugt.
(Arme – beugt!)
Denn was die Frau an einem Manne reizt,
(Hüften fest – Beine spreizt! – Grundstellung)
Ist Ehrbarkeit. Nur die hat wahren Wert,
Auch auf die Dauer (Ganze Abteilung, kehrt!).
Das ist von beiden Teilen der begehrtste,
Von dem man sagt: (Rumpfbeuge) Das ist der aller-
   wertste.

Am Barren
(Alla donna tedesca)

Deutsche Frau, dich ruft der Barrn,
Denn dies trauliche Geländer
Fördert nicht nur Hirn und Harn,
Sondern auch die Muskelbänder,
Unterleib und Oberlippe.
Sollst, das Hüftgelenk zu stählen,
Dich im Knickstütz ihm vermählen.
Deutsches Weib, komm: Kippe, Kippe!

Deutsche Frau, nun laß dich wieder
Ellengriffs im Schwimmhang nieder.
So, nun Hackenschluß! Und schwinge!
Schwinge! Hurtig rum den Leib!
O, es gibt noch wundervolle
Dinge. Rolle vorwärts! Rolle!
Rolle rückwärts, deutsches Weib.

Deutsche Jungfrau, weg das Armband!
In die Hose! Aus dem Rocke!
Aus dem Streckstütz in den Armstand,
Nun die Flanke. Sehr gut! Danke!
Deutsches Mädchen, Hocke, Hocke!

Mußt dich keck emanzipieren
Und mit kindlichem »Ätsch-Ätsche«
Über Männer triumphieren,
Mußt wie Bombe und Kartätsche
Deine Kräfte demonstrieren.
Deutsches Mädchen – Grätsche! Grätsche!

Kniebeuge

Kniee – beugt!
Wir Menschen sind Narren.
Sterbliche Eltern haben uns einst gezeugt.
Sterbliche Wesen werden uns später verscharren.
Schäbige Götter, wer seid ihr? und wo?
Warum lasset ihr uns nicht länger so
Menschlich verharren?
Was ist denn Leben?
Ein ewiges Zusichnehmen und Vonsichgeben. –
Schmach euch, ihr Götter, daß ihr so schlecht uns
    versorgt,
Daß ihr uns Geist und Würde und schöne Gestalt
    nur borgt.
Eure Schöpfung ist Plunder,
Das Werk sodomitischer Nachtung.
Ich blicke mit tiefster Verachtung
Auf euch hinunter.
Und redet mir nicht länger von Gnade und Milde!
Hier sitze ich; forme Menschen nach meinem Bilde.
Wehe euch, Göttern, wenn ihr uns drüben erweckt!
Beine streckt!

Bumerang

War einmal ein Bumerang;
War ein weniges zu lang.
Bumerang flog ein Stück,
Aber kam nicht mehr zurück.
Publikum – noch stundenlang –
Wartete auf Bumerang.

Kuttel Daddeldu

Vom Seemann Kuttel Daddeldu

Eine Bark lief ein in Le Haver,
Von Sidnee kommend, nachts elf Uhr drei.
Es roch nach Himbeeressig am Kai,
Und nach Hundekadaver.

Kuttel Daddeldu ging an Land.
Die Rü Albani war ihm bekannt,
Er kannte nahezu alle Hafenplätze.

Weil vor dem ersten Hause ein Mädchen stand,
Holte er sich im ersten Haus von dem Mädchen die
    Krätze.

Weil er das aber natürlich nicht gleich empfand,
Ging er weiter, – kreuzte topplastig auf wilder Fahrt.
Achtzehn Monate Heuer hatte er sich zusammen-
    gespart.

In Nr. 6 traktierte er Eiwie und Kätchen,
In 8 besoff ihn ein neues straff lederbusiges Weib.
Nebenan bei Pierre sind allein sieben gediegene
    Mädchen,
Ohne die mit dem Celluloid-Unterleib.

Daddeldu, the old Seelerbeu Kuttel,
Verschenkte den Albatrosknochen,
Das Haifischrückgrat, die Schals,
Den Elefanten und die Saragossabuttel.
Das hatte er eigentlich alles der Mary versprochen,
Der anderen Mary; das war seine feste Braut.

Daddeldu – Hallo! Daddeldu,
Daddeldu wurde fröhlich und laut.
Er wollte mit höchster Verzerrung seines Gesichts
Partu einen Niggersong singen
Und »Blu beus blu«.
Aber es entrang sich ihm nichts.

Daddeldu war nicht auf die Wache zu bringen.
Daddeldu Duddel Kuttelmuttel, Katteldu
Erwachte erstaunt und singend morgens um vier
Zwischen Nasenbluten und Pomm de Schwall auf
    der Pier.

Daddeldu bedrohte zwecks Vorschuß den Steuer-
    mann,
Schwitzte den Spiritus aus. Und wusch sich dann.

Daddeldu ging nachmittags wieder an Land,
Wo er ein Rennptiergeweih, eine Schlangenhaut,
Zwei Fächerpalmen und Eskimoschuhe erstand.
Das brachte er aus Australien seiner Braut.

Daddeldus Lied an die feste Braut

Lat man goot sin, lütte seute Marie.
Mi no ssavi!
Ich habe deine Photographie
In der Meditteriniensi
Weit draußen auf dem Meere
Damals verloren,
Als ich bei den Azoren
Mit der Bulldog beinah versoffen wäre. –

Bulldog aheu!

Swiethart! Manilahaariges Kitty-Anny-Pipi –
Oder wie du heißt –
Bulldog aheu!
Bei Jesus Chreist
Ich war – seit Konstantinopel – dir immer treu.

Scheek hends! Ehrlich und offen:
Ich bin gar nicht besoffen.

Giff öss e Whisky, du, ach du! Jesus Chreist!

Skool! bleddi Sanofebitsch – Ohne Spott:
Ich glaube, dich hat der liebe Gott
An einem Sonntag zusammengespleißt.
Weißt du, was du bist: Weißt?
Hör mich einmal ernsthaft auf mich,
Du – du bist – mein zweites Ich.
Du mußt mir mal deinen Namen ausbuchstabieren,
Hein soll mir das auf den Arm tätowieren.

Mary, mach mal deinem Daddeldu
Die Hosentür zu.

Ich habe noch immer die graue Salbe von dir,
Das ist ganz egal; das ist auch ein Souvenir.
Wer mir die Salbe nimmt –
Ich bin der gutmütigste Kerl, glaub es mir;
Ich habe noch keinem Catfisch ein Haar ge-
    krümmt –
Wenn ich zurück bin aus Schangei,
Wie Gott will hoffen, –
Wer mir die Salbe nimmt,
Dem hau ik die Kiemen entzwei.

Bulldog aheu! Ich bin nicht besoffen.
Wirklich nicht!
Wirklich nicht!
Wer mir die Salbe krümmt,
Dem renn ich die Klüsen dicht. –

Komm her, Deesy, wir schlagen die Bulldog entzwei.
Wenn ich aus Kiatschu, Kiatschau –
Porko dio Madonna! –
Mary, du alte Sau,
Wer dir die Salbe stiehlt aus Schangei,
Der wird einmal Kapitän Daddeldus Frau.

Seemannstreue

Nafikare necesse est.
Meine längste Braut war Alwine.
Ihrer blauen Augen Gelatine
Ist schon längst zerlaufen und verwest. –
Alwine sang so schön das Lied:
»Ein Jäger aus Kurpfalz«.

Wie Passatwind stand ihr der Humor.
– Sonntags morgens wurde sie bestattet
In der Heide, wo kein Bäumchen schattet,
Und auch ihre Unschuld einst verlor.

Donnerstags grub ich sie wieder aus,
Da kamen mir schon ihre Ohrlappen
So sonderbar vor.

Freitags grub ich sie dann wieder ein.
Niemand sah das in der stillen Heide. –
Montags wieder aus. Von ihrem Kleide,
Das man ihr ins Grab gegeben hatte,
Schnitt ich einer Handbreit gelber Seide,
Und die trägt mein Bruder als Krawatte. –

Gruslig wars: Bei dunklem oder feuchten
Wetter fing Alwine an zu leuchten.
Trotzdem parallel zu ihr verweilen
Wollt ich ewiglich und immerdar.
Bis sie schließlich an den weichen Teilen
Schon ganz anders und ganz flüssig war,

Aus. Ein. Aus; so grub ich viele Wochen.
Doch es hat zuletzt zu schlecht gerochen.
Und die Nase wurde blauer Saft,
Wodrin lange Fadenwürmer krochen. –
Nichts für ungut: Das war ekelhaft. –
Und zuletzt sind mir die schlüpfrigen Knochen
Ausgeglitten und in lauter Stücke zerbrochen.

Und so nahm ich Abschied von die Stücke.
Ging mit einem Schoner nach Iquique,
Ohne jemals wieder ihr Gebein
Auszugraben. Oder anzufassen.

Denn man soll die Toten schlafen lassen.

Matrosensang

Herr Steuermann, ach Steuermann,
Mein Herz ist gar so schwer.
»So bind ein gut Stück Eisen dran
Und wirf es über Bord ins Meer.«

Ob meine schwangere Liebste weint?
Eine Trän? Zwei Trän? Drei Trän?
Ho! Meine krumme Mutter meint,
Ich sei ein reicher Kapitän.

Ist Mutters Haus mit Stroh gedeckt,
Wie sie sich freuen kann.
Doch wie ein Sturm mit Branntwein schmeckt,
Das geht sie einen Hundsdreck an.

Fahrt mit Daddeldu!
Rumba

Daddeldu ahoi!
Laß uns eine Reise machen,
Segeln, daß die Balken krachen,
Komm old sailor boy,
Ho – ruck!
Nur ein kurzer Pfiff,
Und schon saust das Schiff
Durch die Meere – in tollem Lauf.
Nur ein kurzer Pfiff,
Und schon saust das Schiff
In den Himmel hinauf.

Daddeldu ahoi!
Laß uns einen Cocktail mixen,
Daß die Nixen trunken knixen,
Komm old sailor boy,
Ho – ruck!
Nur ein kurzer Pfiff,
Und schon saust das Schiff
Durch die Meere – in tollem Lauf.
Nur ein kurzer Pfiff,
Und schon saust das Schiff
In den Himmel hinauf.

Daddeldu ahoi!
Fahr uns lose Schwefelbande
Mit Musik von Land zu Lande,
Denn wir sind dir treu.
Ho – ruck!
Nur ein kurzer Pfiff,
Und schon saust das Schiff
Durch die Meere – in tollem Lauf.
Nur ein kurzer Pfiff,
Und schon saust das Schiff
In den Himmel hinauf.

Daddeldu ahoi!
Weites Herz und weite Hose!
Komm du salzigster Matrose!
Komm old sailor boy,
Ho – ruck!
Nur ein kurzer Pfiff,
Und schon saust das Schiff,
Durch die Meere – in tollem Lauf.
Nur ein kurzer Pfiff,
Und schon saust das Schiff
In den Himmel hinauf.

Fahrt mit Daddeldu!
Tango

Denn nur zu zweit
Und dann ganz zu zweit allein
Kann ein Geheimnis
Ewig Geheimnis sein.
Fühlst du wie ich,
O dann ist's getreu verwahrt,
Dann war auch Liebe dahinter,
Liebe ist still und zart.
Denn nur zu zweit
Und dann ganz zu zweit allein
Kann ein Geheimnis
Ewig Geheimnis sein.

Nur eine leise Melodie,
Der alte Jugendtraum,
Jenes Märchen von Er und Sie.

Du, an die ich jetzt denke, vergiß es nie!
Du, an die – Erinnerst du wann und wie?
Nie vergessen sei dieses Gedicht,
Jene Nacht. – Doch erzähl es nicht!
Du, an die ich jetzt denke, vergiß es nie.
Melodie – nur Melodie.

An Kinder

Ernster Rat an Kinder

Wo man hobelt, fallen Späne.
Leichen schwimmen in der Seine.
An dem Unterleib der Kähne
Sammelt sich ein zäher Dreck.

An die Strähnen von den Mähnen
Von den Löwen und Hyänen
Klammert sich viel Ungeziefer.
Im Gefieder von den Hähnen
Nisten Läuse; auch bei Schwänen.
(Menschen gar nicht zu erwähnen,
Denn bei ihnen geht's viel tiefer.)

Nicht umsonst gibt's Quarantäne.

Allen graust es, wenn ich gähne.
Ewig rein bleibt nur die Träne
Und das Wasser der Fontäne.

Kinder, putzt euch eure Zähne!

Maikäfermalen

Setze Maikäfer in Tinte. (Es geht auch mit Fliegen.)
Zweierlei Tinte ist noch besser, schwarz und rot.
Laß sie aber nicht zu lange darin liegen,
Sonst werden sie tot.

Flügel brauchst du nicht erst rauszureißen.
Dann mußt du sie alle schnell aufs Bett schmeißen
Und mit einem Bleistift so herumtreiben,
Daß sie lauter komische Bilder und Worte
    schreiben.
Bei mir schrieben sie einmal ein ganzes Gedicht.

Wenn deine Mutter kommt, mache ein dummes
    Gesicht,
Sage ganz einfach: »Ich war es nicht!«

Das Bergmannspiel

Unter dem Bett ist der Schacht.
Der wird entweder mit Bettdecken dunkel gemacht,
Oder ihr spielt das Spiel bei der Nacht.
In den Schacht schüttet ihr erst recht viel Kohlen.
Die muß der Bergmann auf dem Bauche heraus-
    holen.
Ein Licht oder Spirituskocher und zum Graben
Eine Schaufel muß jeder Bergmann haben.
Außerdem muß er vor allen Dingen sich hinten
Ein Stück Leder aus Schuh oder Ranzen anbinden.

Dann baut ihr aus Tisch und Stuhl und Fußbank
    drei Stufen,
Dort, wo der Eingang sein soll.
Jeder, der runterkriecht, muß erst »Glückauf« rufen
Und schaufelt eine Zigarrenkiste voll Kohlen voll.
Jeder, der rauskriecht, muß dann ganz dreckig sein.
Und jedesmal müssen alle Glückauf schrein.
Geben euch eure Eltern was hinten drauf,
Dann habt ihr doch hinten das Leder und ruft nur:
    »Glückauf«.

Das Doktor-Knochensplitter-Spiel

Dazu braucht man nicht viel.
Nur ein Gänse- oder Hühnerknöchelchen.
Du, Bertha, bohrst ein Löchelchen
Ins Sofa und schiebst das Knöchelchen
Weit rein, doch immer dicht unter die Sofahaut,
Daß man's von außen wie Knorpel anfassen kann,
Was wie Geschwulst ausschaut.
Das Sofa ist dann dein Mann.
Ich bin der Doktor Frank.
Du sagst: »Mein Mann ist so krank.«
Ich fühle und sage mit ernster Miene:
»Er hat einen Splitter im Herzen sitzen«,
Und nehme das Ölkännchen von eurer
    Nähmaschine,
Um erstmal Betäubung in das Geschwür
    einzuspritzen.
Nun kommt die Operation; das ist das Schwere.
Ich nehme ein Messer und eine Schere.
Du nimmst ein Handtuch und fürchtest dich, zuzu-
    sehn;
Darum drückst du die Augen zu.
Ich tu einen scharfen Schnitt, greife dann
– das muß wie der Blitz geschehn –

Mit der Zange (das ist die Schere) im Nu
Den Knochen aus deinem Mann.
Weil, wenn ich ihn nicht beim ersten Mal geschickt
Gleich rausbekomme, – ist die Operation miß-
    glückt.

Das nächste Mal bist du Doktor Frank,
Und mein Mann ist krank.

Angst darfst du nicht haben. Denn meine und deine
Eltern können uns – – Weißt du, was ich meine?!?

Kindergebetchen

Erstes

Lieber Gott, ich liege
Im Bett. Ich weiß, ich wiege
Seit gestern fünfunddreißig Pfund.
Halte Pa und Ma gesund.
Ich bin ein armes Zwiebelchen,
Nimm mir das nicht übelchen.

Zweites

Lieber Gott, recht gute Nacht.
Ich hab noch schnell Pipi gemacht,
Damit ich von dir träume.
Ich stelle mir den Himmel vor
Wie hinterm Brandenburger Tor
Die Lindenbäume.
Nimm meine Worte freundlich hin,
Weil ich schon sehr erwachsen bin.

Drittes

Lieber Gott mit Christussohn,
Ach schenk mir doch ein Grammophon.
Ich bin ein ungezognes Kind,
Weil meine Eltern Säufer sind.

Verzeih mir, daß ich gähne.
Beschütze mich in aller Not,
Mach meine Eltern noch nicht tot
Und schenk der Oma Zähne.

An Berliner Kinder

Was meint ihr wohl, was eure Eltern treiben,
Wenn ihr schlafen gehen müßt?
Und sie angeblich noch Briefe schreiben.
Ich kann's euch sagen: Da wird geküßt,
Geraucht, getanzt, gesoffen, gefressen,
Da schleichen verdächtige Gäste herbei.
Da wird jede Stufe der Unzucht durchmessen
Bis zur Papagei-Sodomiterei.
Da wird hasardiert um unsagbare Summen.
Da dampft es von Opium und Kokain.
Da wird gepaart, daß die Schädel brummen.
Ach schweigen wir lieber. – Pfui Spinne, Berlin!

Sich interessant machen
(Für einen großen Backfisch)

Du kannst doch schweigen? Du bist doch kein Kind
Mehr! – Die Lederbände im Bücherspind
Haben, wenn du die umgeschlagenen Deckel hältst
Hinten eine kleine Höhlung im Rücken.
Dort hinein mußt du weichen Käse drücken.
Außerdem kannst du Käsepfropfen
Tief zwischen die Sofapolster stopfen.

Lasse ruhig eine Woche verstreichen.
Dann mußt du immer traurig herumschleichen.
Bis die Eltern nach der Ursache fragen.
Dann tu erst, als wolltest du ausweichen,
Und zuletzt mußt du so stammeln und sagen:
»Ich weiß nicht, – ich rieche überall Leichen –.«

Deine Eltern werden furchtbar erschrecken
Und überall rumschnüffeln nach Leichengestank,
Und dich mit Schokolade ins Bett stecken.
Und zum Arzt sage dann: »Ich bin seelenkrank.«

Nur laß dich ja nicht zum Lachen verleiten.
Deine Eltern – wie die Eltern so sind –
Werden bald überall verbreiten;
Du wärst so ein merkwürdiges, interessantes Kind.

Schlacht mit richtigen Bomben

Das muß sein wie bei einer wirklichen Schlacht,
Mit richtigem Zufall, wo's blitzt und kracht.

Kannst du Stahllineale oder Fischbeinstäbe kriegen,
Im Korsett in deiner Mutter wirst du welche finden.
Die mußt du spannen, das heißt im Bogen biegen
Und beide Enden mit Zwirn zusammenbinden.
Lege solche Bomben auf einen Zeitungswisch,
(Den du vorher mit Benzin begießt) auf den Tisch.
Nun baust du ganz dicht drum rum deine Bleisol-
    daten
Auf. Wie's grade kommt, kreuz und quer,
Als wären sie schon ins Handgemenge geraten.
Spritze auch nochmals bißchen Benzin umher.
Nun mußt du von etwa zwei Schritt zurück
Brennende Zündhölzer zwischen schmeißen.
Dann brennt alles. Die Bomben platzen und reißen
Große Lücken. – Das ist das Soldatenglück,

Und wenn dein Vater dir droht, er wolle den Stock
    holen,
Dann sage, das frühere Dienstmädchen
Habe das Spiel dir empfohlen.

Bist du schon auf der Sonne gewesen?

Bist du schon auf der Sonne gewesen?
Nein? – Dann brich dir aus einem Besen
Ein kleines Stück Spazierstock heraus
Und schleiche dich heimlich aus dem Haus
Und wandere langsam in aller Ruh
Immer direkt auf die Sonne zu.
So lange, bis es ganz dunkel geworden.
Dann öffne leise dein Taschenmesser,
Damit dich keine Mörder ermorden.
Und wenn du die Sonne nicht mehr erreichst,
Dann ist es fürs erstemal schon besser,
Daß du dich wieder nach Hause schleichst.

Spielen Kinder doch …

Sahst du in der Bahn auf Reisen:
Fährt dein Spiegelbild daneben
Draußen heil durch Fels und Eisen?
Was ist Schein und was ist Leben?

Wirrgespräch von Schizophrenen –?
Und der Wirrsinn deiner Träume –?
Warum suchen wir, ersehnen
Unterschiede, Zwischenräume?

Nach dem Nichts, dem Garnichts, schielen
Alle, Freude, Gleichmut, Trauer.
Aus dem Garnichts lockt ein Schauer
So und so mit fremden Spielen.

Manchmal, zwischen trocknen Zeilen:
Barmt es, winkt es oder lacht es. –

Spielen Kinder doch zuweilen
Wundersames Selbsterdachtes.

Vom Wegfahren und Ankommen

Sehnsucht nach Berlin
(1929)

Berlin wird immer mehr Berlin.
Humorgemüt ins Große.
Das wär mein Wunsch: es anzuziehn
Wie eine schöne Hose.

Und wär Berlin dann stets um mich
Auf meinen Wanderwegen.
Berlin, ich sehne mich in dich.
Ach komm mir doch entgegen!

Berlin

Da fährt die Hochbahn in ein Haus hinein
Und auf der andern Seite wieder raus.
Und blind und düster stemmt sich Haus an Haus.
Einmal – nicht lange – müßtest du hier sein.
Wo das aufregend gefährlich flutet und wimmelt
Und tutet und bimmelt
Am Kurfürstendamm und am Zoo.
Das Leben in Pelzen und Leder.
Es drängt einen so oder so
Leicht unter die Räder.

Sonst habe ich gut hier gefallen.
Man hat mir hohe Gagen angeboten.
Aber weißt du: jeder verkehrt hier mit allen,
Nur nicht mit stillen Menschen oder mit toten.
Ich bin so stolz darauf, dir einen Scheck zu
    überweisen.
Ja, ja, hier heißt es sich durchbeißen.
Das gibt mir mancherlei Lehre.
Heute ging mir beim Kofferflicken die Nagelschere
Entzwei. Not bricht Eisen. –

Landflucht

Fort vom Lande, aus dem engen
Städtchen in die Großstadt flieht der Geist,
Wo im Kampf der Mengen
Er zerreißt.
Dort, wo Puls und Uhr
Schneller ticken,
Wird er sich zusammenflicken,
Wenn er's erst versteht,
Daß die unbezwingliche Natur
Auch auf Radiowellen, Schienenspur
Und Propellerschwingen weitergeht.

Wenn ihm das gelingt,
Wenn er nicht darüber ganz verkommt,
Wenn ihm die Erkenntnis frommt
Daß die Nachtigall genau so singt
Wie ein Spatz
Am Alexanderplatz, – – –
Ja, dann wird ihn wohl von Zeit zu Zeit
Eine Sehnsucht wieder landwärts tragen
In die Enge, in die Einsamkeit. –
Bis die simplen, friedlichen, gesunden
Bauern ihn nach Tagen

Oder Stunden
Wiederum verjagen;
In die große Stadt zurück.
Und dort wird er sagen:
Nur im Ruhelosen ruht das Glück.

Bremen

Hier gelt ich nix, und würde gern was gelten,
Denn diese Stadt ist echt, und echt ist selten.
Reich ist die Stadt. Und schön ist ihre Haut.
Sag einer mir:
Welch Geist hat hier
Die Sankt Ansgarikirche aufgebaut?
Groß schien mir alles, was ich hier entdeckte.
Ein Riesenhummer lag in einem Laden.
Wie der die Arme eisern von sich reckte,
Als wollte er durchs Glas in Frauenwaden,
In Bremer Brüste plötzlich fassen
Und – wie wir's von den Skorpionen lesen –
Restweg im Koitus sein Leben lassen, –
Wär er nicht längst schon rot und tot gewesen.
Als ich herauskam aus dem Keller, wo
Schon Heine saß, da sagte ich: »Oho!«
Denn auf mich sah Paul Wegener aus Stein,
Und er war groß und ich natürlich klein.
Brustwarzen hatte er an beiden Knien,
Vielleicht war's auch der Roland von Berlin.
Und als ich, wie um eine spanische Wand
Mich schlängelnd, eine seltsam leere
Doch wohlgepflegte Villengasse fand

Und darin viel verlorene Ehre,
Stand dort ein Dacharbeiter.
Den fragt ich so ganz nebenbei:
Ob er wohl ein Senator sei?
Da ging er lächelnd weiter.

Letzte Abfahrt aus München

»Schlafwagen.« Schön klingt dieses Wort.
Schlafen und dennoch vorwärts sausen.

Nun ging ich endgültig von München fort.
Es standen sieben treue Freunde draußen.

Lang ist die Eisenbahnfahrt, kurz ein Leben. –
Was wird sich mir und ihr wohl nun begeben?

Es ist nicht wichtig, was wer wem verleidet.
Es ist kleindumm, wenn jemand bös beneidet.

Es ist beneidenswert, was jemand heimlich leidet.

Wir alle leben so gern im Bequemen.
Was du je grübeltest und schriest und sangst – –

Es scheint mir gut, wenn du beim Abschiednehmen
Statt um dich selbst um einige Freunde bangst.

Augsburg

Ich bin da im Weißen Lamm
Abgestiegen.
Leider ließ ich im Zug deinen schönen, neuen
   Schwamm
Liegen
Mir bleibt nichts verschont.
Hier hat auch Goethe gewohnt –
Wollte sagen »erspart«. –

Augsburg hat doch seine Art;
Besonders wenn Markt ist, und Zwiebeln, verhut-
   zelte Weiblein
Und Butter und Gänse auf steinaltem Pflaster sich
   tummeln.

Dort, wo früher Hasen- und Hundemarkt war,
Schreib ich diesen Brief. Eine wunderliche
Ganz enge Kneipe – Marktleute – Kupferstiche –
Nur Schnäpse –

Verzeih, mir ist nicht ganz klar,
Aber sonderbar.
Schade nur um den herrlichen Schwamm!
Die ihn finden, die freun sich.

Auf der Reise nach Italien 1790.
Es lebe Goethe! Das Lamm! Und der Schwamm!
Ach was! Schwamm drüber! Punktum Streusand!
Prosit: es lebe Neuseeland.

Noctambulatio

Sie drückten sich schon beizeiten
Fort aus dem Tanzlokal
Und suchten zu beiden Seiten
Der Straße das Gast- und Logierhaus Continental.

So dringlich: Man hätte können glauben,
Er triebe sie vorwärts wie ein Rind.
Und doch handelten beide im besten Glauben.
Er wollte ihr nur die Unschuld rauben.
Sie wollte partout von ihm ein Kind.

Da geschah es, etwa am Halleschen Tor,
Daß Frieda über dem Knutschen und Schmusen
Aus ihrem hitzig gekitzelten Busen
Eine zertanzte, verdrückte Rose verlor.

Und ein sehr feiner Herr, dessen Eleganz
Nicht so rumtoben tut, folgte den beiden.
Jedoch hielt er sich vornehm bescheiden
Immer in einer gewissen Distanz.

Er wollte ursprünglich zum Bierhaus Siechen.
Aber nun hemmte er seinen Lauf,

Zog die Handschuh aus, hob die Rose auf
Und begann langsam daran zu riechen.

Er wünschte aber keinen Augenblicksgenuß;
Deshalb stieg er mit der Rose in den Omnibus.
Derweilen war Frieda mit ihrem Soldaten
Auf einen Kinderspielplatz geraten.

Dort merkten sie nicht, wie die Nacht verstrich,
Und daß ein unruhiger Mann mit einem Spaten
Sie dauernd beschlich.

Als sich nach längerem Aufenthalt
Das Paar in der Richtung zur Gasanstalt
Mit kurzen, trippelnden Schritten verlor,

Sprang der unruhige Mann plötzlich hervor.
Und fing an, eine Stelle, wo er im Sand
Die Spur von Friedas Stiefelchen fand,
Mit einem Spaten herauszuheben.
Worauf er behutsam mit zitternder Hand
Die feuchte Form in ein Sacktuch band,
Um sich dann leichenblaß heimzubegeben.

Wie um das dümmste Mädchen
Sich sonderbare Fädchen
Nachts durch die Straßen ziehn –

Die Dichter und die Maler
Und auch die Kriminaler,
Die kennen ihr Berlin.

Meine alte Schiffsuhr

In meinem Zimmer hängt eine runde,
Alte, achteckige Segelschiffsuhr.
Sie schlägt weder Glasen noch Stunde.
Sie schlägt, wie sie will, und auch nur,

Wann sie will. Die Uhrmacher gaben
Sie alle ratlos mir zurück;
Sie wollten mit solchem Teufelsstück
Gar nichts zu tun haben.

Und gehe sie, wie sie wolle,
Ich freue mich, weil sie noch lebt.
Nur schade, daß nie eine tolle
Dünung sie senkt oder hebt

Oder schüttert. Nein, sie hängt sicher
Geborgen. Doch in ihr kreist
Ein ruhelos wunderlicher
Freibeuter-Klabautergeist.

Nachts, wenn ich still vor ihr hocke,
Dann höre ich mehr als Ticktack.
Dann klingt was wie Nebelglocke
Und ferner Hundswachenschnack.

Und manche Zeit versäume
Ich vor der spukenden, unkenden Uhr,
Indem ich davon träume,
Wie ich mit ihr nach Westindien fuhr.

Der Abenteurer

»Abenteurer, wo willst du hin?«

Quer in die Gefahren,
Wo ich vor tausend Jahren
Im Traume gewesen bin.

Ich will mich treiben lassen
In Welten, die nur ein Fremder sieht.
Ich möchte erkämpfen, erfassen,
Erleben, was anders geschieht.

Ein Glück ist niemals erreicht.
Mich lockt ein fernstes Gefunkel,
Mich lockt ein raunendes Dunkel
Ins nebelhafte Vielleicht.

Was ich zuvor besessen,
Was ich zuvor gewußt,
Das will ich verlieren, vergessen. –
Ich reise durch meine eigene Brust.

Über die Liebe

Ich habe dich so lieb

Ich habe dich so lieb!
Ich würde dir ohne Bedenken
Eine Kachel aus meinem Ofen
Schenken.

Ich habe dir nichts getan.
Nun ist mir traurig zu Mut.
An den Hängen der Eisenbahn
Leuchtet der Ginster so gut.

Vorbei – verjährt –
Doch nimmer vergessen.
Ich reise.
Alles, was lange währt,
Ist leise.

Die Zeit entstellt
Alle Lebewesen.
Ein Hund bellt.
Er kann nicht lesen.
Er kann nicht schreiben.
Wir können nicht bleiben.

Ich lache.
Die Löcher sind die Hauptsache
An einem Sieb.

Ich habe dich so lieb.

Was willst du von mir?

Möchtest du meine Frau werden,
Da meine Haare schon grau werden,
Schon größtenteils sind?
Möchtest du über mich lachen?
Soll ich dir Freude machen?
Oder ein Kind?

Willst du die Peitsche spüren?
Soll ich dich ausführen?
Brauchst du Geld oder einen Rat?
Willst du nur mit mir spielen?
Oder gefielen oder mißfielen
Dir Taten, die ich tat?

Warum bist du so still?
Soll ich dich beklagen?
Sag doch einmal: »Ich will …«
Oder sonst ein deutliches Wort. –
Soll ich dich verjagen?
Ja. Geh zu!
Nein! – Du!
Bitte, bitte, geh nicht fort!

An M.

Der du meine Wege mit mir gehst,
Jede Laune meiner Wimper spürst,
Meine Schlechtigkeiten duldest und verstehst – –.
Weißt du wohl, wie heiß du oft mich rührst?

Wenn ich tot bin, darfst du gar nicht trauern.
Meine Liebe wird mich überdauern
Und in fremden Kleidern dir begegnen
Und dich segnen.

Lebe, lache gut!
Mache deine Sache gut!

Komm, sage mir, was du für Sorgen hast

Es zwitschert eine Lerche im Kamin,
Wenn du sie hörst.
Ein jeder Schutzmann in Berlin
Verhaftet dich, wenn du ihn störst.

Im Faltenwurfe einer Decke
Klagt ein Gesicht,
Wenn du es siehst.
Der Posten im Gefängnis schießt,
Wenn du als kleiner Sträfling ihm entfliehst.
Ich tät es nicht.

In eines Holzes Duft
Lebt fernes Land.
Gebirge schreiten durch die blaue Luft.
Ein Windhauch streicht wie Mutter deine Hand.
Und eine Speise schmeckt nach Kindersand.
Die Erde hat ein freundliches Gesicht,
So groß, daß man's von weitem nur erfaßt.
Komm, sage mir, was du für Sorgen hast.
Reich willst du werden? – Warum bist du's nicht?

Telephonischer Ferngruß

Ich grüße dich durchs Telephon,
Guten Morgen, du Gutes!
Ich sauge deiner Stimme Ton
In die Wurzeln meines Mutes.

Ich küsse dich durch den langen Draht.
Du Meinziges, du Liebes!
Was ich dir – nahe – je Böses tat,
Aus der Ferne bitt ich: Vergib es!

Bist du gesund? – Gut! – Was? – Wieviel? –
Nimm's leicht – Vertraue! – Und bleibe
Mir mein. – – Wir müssen dies Wellenspiel
Abbrechen – – Nein »dir« Dank! – – Ich
  schreibe! – –

Zu dir

Sie sprangen aus rasender Eisenbahn
Und haben sich gar nicht weh getan.

Sie wanderten über Geleise,
Und wenn ein Zug sie überfuhr,
Dann knirschte nichts. Sie lachten nur.
Und weiter ging die Reise.

Sie schritten durch eine steinerne Wand,
Durch Stacheldrähte und Wüstenbrand,
Durch Grenzverbote und Schranken
Und durch ein vorgehaltnes Gewehr,
Durchzogen viele Meilen Meer. –

Meine Gedanken. –

Ihr Kurs ging durch, ging nie vorbei.
Und als sie dich erreichten,
Da zitterten sie und erbleichten
Und fühlten sich doch unsagbar frei.

Liebesbrief

So kann es nun nicht weitergehn!
Das, was besteht, muß bleiben.
Wenn wir uns wieder wiedersehn,
Muß irgendwas geschehn,
Was wir dann auf die Spitze treiben.
Was – was auf einer Spitze tut?
Gewiß nicht Plattitüden.
Denn was auf einer Spitze ruht,
Wird nicht so leicht ermüden.
Auf einer Bank im Grunewald
Zu zweit im Regen sitzen,
Ist blöd. Mut, Mädchen! Schreibe bald!
Dein Fritz! (Remember Spitzen.)

Meine erste Liebe?

Erste Liebe? Ach, ein Wüstling, dessen
Herz so wahllos ist wie meins, so weit,
Hat die erste Liebe längst vergessen,
Und ihn intressiert nur seine Zeit.

Meine letzte Liebe zu beschreiben,
Wäre just so leicht wie indiskret.
Außerdem? Wird sie die letzte bleiben,
Bis ihr Name in der »Woche« steht?

Meine Abenteuer in der Minne
Müssen sehr gedrängt gewesen sein.
Wenn ich auf das erste mich besinne,
Fällt mir immer noch ein frühres ein.

Seepferdchen

Als ich noch ein Seepferdchen war,
Im vorigen Leben,
Wie war das wonnig, wunderbar
Unter Wasser zu schweben.
In den träumenden Fluten
Wogte, wie Güte, das Haar
Der zierlichsten aller Seestuten,
Die meine Geliebte war.
Wir senkten uns still oder stiegen,
Tanzten harmonisch um einand,
Ohne Arm, ohne Bein, ohne Hand,
Wie Wolken sich in Wolken wiegen.
Sie spielte manchmal graziöses Entfliehn,
Auf daß ich ihr folge, sie hasche,
Und legte mir einmal im Ansichziehn
Eierchen in die Tasche.
Sie blickte traurig und stellte sich froh,
Schnappte nach einem Wasserfloh
Und ringelte sich
An einem Stengelchen fest und sprach so:
Ich liebe dich!
Du wieherst nicht, du äpfelst nicht,
Du trägst ein farbloses Panzerkleid

Und hast ein bekümmertes altes Gesicht,
Als wüßtest du um kommendes Leid.
Seestütchen! Schnörkelchen! Ringelnaß!
Wann war wohl das?
Und wer bedauert wohl später meine restlichen
   Knochen?
Es ist beinahe so, daß ich weine –
Lollo hat das vertrocknete, kleine
Schmerzverkrümmte Seepferd zerbrochen.

Blindschl

Ich hatte einmal eine Liebschaft mit
Einer Blindschleiche angefangen;
Wir sind ein Stück Leben zusammen gegangen
Im ungleichen Schritt und Tritt

Die Sache war ziemlich sentimental.
In einem feudalen Thüringer Tal
Fand ich – nein glaubte zu finden – einmal
Den ledernen Handgriff einer
Damenhandtasche. Es war aber keiner.

Ich nannte sie »Blindschl«. Sie nannte mich
Nach wenigen Tagen schon »Eicherich«
Und dann, denn sie war sehr gelehrig,
Verständlicher abgekürzt »Erich«.

Allmittags haben gemeinsam wir
Am gleichen Tische gegessen,
Sie Regenwürmer mit zwei Tropfen Bier,
Ich totere Delikatessen.

Sie opferte mir ihren zierlichen Schwanz.
Ich lehrte sie überwinden

Und Knoten schlagen und Spitzentanz,
Schluckdegen und Selbstbinder binden.

Sie war so appetitlich und nett.
Sie schlief Nacht über in meinem Bett
Als wie ein kühlender Schmuckreif am Hals,
Metallisch und doch so schön weichlich.
Und wenn ihr wirklich was schlimmstenfalls
Passierte, so war es nie reichlich.

Kein Sexuelles und keine Dressur.
Ich war ihr ein Freund und ein Lehrer,
Was keiner von meinen Bekannten erfuhr;
Wer mich besuchte, der sah sie nur
Auf meinem Schreibtisch steif neben der Uhr
Als bronzenen Briefbeschwerer.

Und Jahre vergingen. Dann schlief ich einmal
Mit Blindschl und träumte im Betti
(Jetzt werde ich wieder sentimental)
Gerade, ich äße Spaghetti.

Da kam es, daß irgendwas aus mir pfiff,
Mag sein, daß es fürchterlich krachte.
Fest steht, daß Blindschl erwachte
Und – sie, die sonst niemals nachts muckte –
Wild züngelte, daß ich nach ihr griff
Und sie, noch träumend, verschluckte.

Es gleich zu sagen: Sie ging nicht tot.
Sie ist mir wieder entwichen,
Ist in die Wälder geschlichen
Und sucht dort einsam ihr tägliches Brot.

Vorbei! Es wäre – ich bin doch nicht blind –
Vergebens, ihr nachzuschleichen.
Weil ihre Wege zu dunkel sind.
Weil wir einander nicht gleichen.

Ferngruß von Bett zu Bett

Wie ich bei dir gelegen
Habe im Bett, weißt du es noch?
Weißt du noch, wie verwegen
Die Lust uns stand? Und wie es roch?

Und all die seidenen Kissen
Gehörten deinem Mann.
Doch uns schlug kein Gewissen.
Gott weiß, wie redlich untreu
Man sein kann.

Weißt du noch, wie wir's trieben,
Was nie geschildert werden darf?
Heiß, frei, besoffen, fromm und scharf.
Weißt du, daß wir uns liebten?
Und noch lieben?

Man liebt nicht oft in solcher Weise.
Wie fühlvoll hat dein spitzer Hund bewacht.
Ja unser Glück war ganz und rasch und leise.
Nun bist du fern.
Gute Nacht.

Aus

Nun geh ich stumm an dem vorbei,
Wo wir einst glücklich waren,
Und träume vor mich hin: es sei
Alles wie vor zwei Jahren.

Und du bis schön, und du bist gut,
Und hast so hohe Beine.
Mir wird so loreley zumut,
Und ich bin doch nicht Heine.

Ich klappe meine Träume zu
Und suche mir eine Freude.
Auf daß ich nicht so falsch wie du
Mein Stückchen Herz vergeude.

Von der Armut

Das Geschwätz in der Bedürfnisanstalt
in der Schellingstraße

Heute wurde Geld eingesammelt,
Wo ich angestellt bin, in dem Büro,
Für die Frau von jemand, der sich erhängte.
Eine Büchse ging rum. Und jeder schenkte.
Drei Mark; das ist bei uns immer so.

Es braucht niemand zu wissen, wodran ich bin.
Ich habe das Geld meiner Mutter gestohlen.

Ich habe noch gestern acht Mark für Kohlen
Bezahlt. Und die Alte stumpft doch bloß so hin.

Und bei ihrer Schwindsucht und sowieso
Kann es ja doch nicht mehr lange währen.
Ich kann auch nicht ewig fünf Menschen ernähren
Bei der Arbeit in dem Büro.

Ich möchte mal wieder eine Muhsik hören;
Das stimmt einen wieder mal froh.

Das Geseires einer Aftermieterin

Meine Stellung hatte ich verloren.
Weil ich meinem Chef zu häßlich bin.
Und nun habe ich ein Mädchen geboren,
Wo keinen Vater hat, und kein Kinn.

Als mein Vormund sich erhängte,
Besaß ich noch das Kreppdischingewand,
Was ich später der Anni schenkte.
Die war Masseuse in Helgoland.

Aber der bin ich nun böse.
Denn die ließ mich im Stich.
Und die ist gar keine Masseuse,
Sondern geht auf den –

Mir ist nichts nachzusagen.
Ich habe mit einem Zahnarzt verkehrt.
Der hat mich auf Händen getragen.
Doch ich habe mir selber mein Glück zerstört.

Das war im Englischen Garten.
Da gab mir's der Teufel ein,
Daß ich – um auf Gustav zu warten –
In der Nase bohrte, ich Schwein.

Gustav hat alles gesehn.
Er sagte: Das sei kein Benehmen.
Was hilft es nun, mich zu schämen.
Ich möchte manchmal ins Wasser gehn.

Angstgebet in Wohnungsnot

Ach, lieber Gott, gib, daß sie nicht
Uns aus der Wohnung jagen.
Was soll ich ihr denn noch sagen –
Meiner Frau – in ihr verheultes Gesicht!?

Ich ringe meine Hände.
Weil ich keinen Ausweg fände,
Wenn's eines Tags so wirklich wär:
Bett, Kleider, Bücher, mein Sekretär, –
Daß das auf der Straße stände.

Sollt ich's versetzen, verkaufen?
Ist all doch nötigstes Gerät.
Wir würden, einmal, die Not versaufen,
Und dann: Wer weiß, was ich tät.

Ich hänge so an dem Bilde,
Das noch von meiner Großmama stammt.
Gott, gieße doch etwas Milde
Über das steinerne Wohnungsamt.

Wie meine Frau die Nacht durchweint,
Das barmt durch all meine Träume.

Gott, laß uns die lieben zwei Räume
Mit der Sonne, die vormittags hinein scheint.

Frühlingsanfang auf der Bank vorm
Anhalter Bahnhof

Vierter Klasse wär' es noch mehr billig.
Aber da käme ich später an.
Und dann ist die Stellung vielleicht schon vergeben,
Und die Frau Bauratswitwe sagt dann
Wieder: Ich sei arbeitsunwillig.
Und wovon soll ich dann am Freitag leben?
Am liebsten möchte ich gar nicht fahren.
Da könnten wir all das Fahrgeld sparen
Und lieber versaufen.
Und da können wir noch die beiden Weinflaschen
    verkaufen.
Da wird man wieder mal richtig vergnügt.
Und hauen uns nachts auf die Bretter am Halle-
    schen Tor,
Wo manchmal der Bolzenmax liegt.
Jetzt kommen schon die Krokusse vor,
Da ist es schon nicht mehr so kalt.
Und morgen werden wir sehn, wo wir bleiben.
Da werden sie uns auseinandertreiben
Wie die Pferdeäppel auf'm Asphalt.
Ob es wohl wahr ist, wenn man noch lebt – daß
    man
Seine Knochen an die Akademie verkaufen kann?

Einsiedlers Heiliger Abend

Ich hab' in den Weihnachtstagen –
Ich weiß auch, warum –
Mir selbst einen Christbaum geschlagen,
Der ist ganz verkrüppelt und krumm.

Ich bohrte ein Loch in die Diele
Und steckte ihn da hinein
Und stellte rings um ihn viele
Flaschen Burgunderwein.

Und zierte, um Baumschmuck und Lichter
Zu sparen, ihn abends noch spät
Mit Löffeln, Gabeln und Trichter
Und anderem blanken Gerät.

Ich kochte zur heiligen Stunde
Mir Erbsensuppe mit Speck
Und gab meinem fröhlichen Hunde
Gulasch und litt seinen Dreck.

Und sang aus burgundernder Kehle
Das Pfannenflickerlied.
Und pries mit bewundernder Seele
Alles das, was ich mied.

Es glimmte petroleumbetrunken
Später der Lampendocht.
Ich saß in Gedanken versunken.
Da hat's an die Tür gepocht,

Und pochte wieder und wieder.
Es konnte das Christkind sein.
Und klang's nicht wie Weihnachtslieder?
Ich aber rief nicht: »Herein!«

Ich zog mich aus und ging leise
Zu Bett, ohne Angst, ohne Spott,
Und dankte auf krumme Weise
Lallend dem lieben Gott.

Wenn ich allein bin

Wenn ich allein bin, werden meine Ohren lang,
Meine, meine Pulse horchen bang
Auf queres Kreischen, sterbenden Gesang
Und all die Stimmen scheeler Leere.

Wenn ich allein bin, leck ich meine Träne.

Wenn ich allein bin, bohrt sich meine Schere,
Die Nagelschere in die Zähne;
Sielt höhnisch träge sich herum die Zeit. –
Der Tropfen hängt. – Der Zeiger steht. –

Einmal des Monats steigt ein Postpaket
Aufrührerisch in meine Einsamkeit.
So sendet aus Meran die Tante Liese
Mir tausend fromme, aufmerksame Grüße;
Ein jeden einzeln sauber einpapiert,
Mit Schleifchen und mit Fichtengrün garniert,
Vierblätterklee und anderm Blumenschmuck –

Ich aber rupfe das Gemüse
Heraus mit einem scharfen Ruck,
Zerknülle flüchtig überfühlend

Den Alles-Gute-Wünsche-Brief
Und fische giftig tauchend, wühlend,
Aus all den Knittern und Rosetten
Das einzige, was positiv:
Zwei Mark für Zigaretten.

Die Bilder meiner Stube hängen schief.
In meiner Stube dünsten kalte Betten.
Und meine Hoffart kuscht sich. Wie ein Falter
Sich ängstlich einzwängt in die Borkenrinde.
Wenn ich allein bin, dreht mein Federhalter
Schwarzbraunen Honig aus dem Ohrgewinde.

Bin ich allein: Starb, wie ein Hund verreckt,
Hat mich ein fremdes Weib mit ihren Schleiern
Aus Mitleid oder Ekel zugedeckt.
Doch durch die Maschen seh ich Feste feiern,
Die mich vergaßen über junger Lust. –

Ich reiße auseinander meine Brust
Und lasse steigen all die Vögel, die
Ich eingekerkert, grausam dort gefangen,
Ein Leben lang gefangen hielt, und nie
Besaß. Und die mir niemals sangen.
Wenn ich allein bin, pups' ich lauten Wind.
Und bete laut. Und bin ein uralt Kind.
Wenn ich –

Aus dem Tagebuch eines Bettlers

Ich klingelte. Ich bettelte um Brot.
Um alte Sachen.

Ich beschrieb auch anschaulich die Not.
Ich kann so eine jämmerliche Miene machen.
Meine Familie sei teils hungrig, teils tot.

Nur ein kleines, hartes, verschimmeltes Rest-
    chen Brot,
Womit ich eigentlich Geld meinte.

Der Herr verneinte.

Ich versuchte diverse Gebärden.
Ich kann so urplötzlich ganz mager werden.
Ich taumelte krank.
Ich – stank.

Da wurde ich gepackt.

Fünf Minuten später war ich nackt.

In einer Wanne im Bad
Bei dreißig Grad.

Ich weinte. – Ich wußte:
Hier half kein Beteuern.
Man fing an, meine Kruste
Herunterzuscheuern.

Dieser Herr war ein Schelm.

Ich wurde auf die Straße gestoßen.
Ich fand mich in schwarzen Hosen,
Lackschuhen, Frack und Tropenhelm.

Ich fand kein Geld. – Mir wurde bang,
Ich fand nur ein Trambahn-Abonnement.

Und ich ging auf die Reise,
Fuhr mit der Sechzehn stundenlang
Immer im Kreise.

Was halfen die noblen Sachen?

Ich bettelte. Probeweise.
Ich kann so eine kummervolle Miene machen.
Aber die Leute begannen zu lachen
Und die Haltestelle zu verpassen.

Ich sann auf einen Schlager.
Ich wurde urplötzlich ganz mager.

Ich wurde gewaltsam aus der Trambahn herun-
    tergelassen.

Da waren die Anlagen und Gassen
Auf einmal ganz traurig und fremd.

Als ich aus dem Pfandhause kam,
Trug ich nur noch Hose, Barfuß und Hemd.

Ich mußte mir einen Anzug leih'n.
Ich ging mit der Gräfin Mabelle,
Die eigentlich eine Büfettmamsell
Ist und gesucht wird, in ein Hotel.
Wir speisten: Hirschbraten mit Knickebein.
Wir sangen zu zwei'n:
»Wer hat uns getraut – …«
Und zuletzt, ganz laut:
»Wohlauf, noch getrunken den funkelnden
    Wein …«

Jene kleinsten ehrlichen Artisten

Jener kleinsten, ehrlichen Artisten
Denk' ich, die kein Ruhm belohnt,
Die ihr Dasein ärmlich, fleißig fristen,
Und in denen nur die Zukunft wohnt.

In Programmen stehen sie bescheiden,
Und das Publikum bleibt ihnen stumm.
Dennoch geben sie ihr Bestes und beneiden
Größre nicht. Und wissen nicht, warum.

Grober Dünkel drückt sie in die Ecken.
Ihre Grenze ist der Rampenschein.
Aber nachts vor kleinen Mädchen recken
Sie sich auf in Künstlerschwärmerein.

Die ihr bleiben sollt, wo wir begonnen,
Mögt ihr ruhmlos sein und unbegabt,
Doch euch tröstet: Uns ist viel zerronnen,
Schönes, was ihr jetzt noch in euch habt.

Ehrlichkeit ist Kunst und derart selten,
Daß es wenig Wichtigeres gibt.
Euer Schicksal wird euch reich vergelten,
Daß ihr euer Schicksal habt geliebt.

Draußen schneit's

Wir hatten ein Schaukelpferd vorher gekauft.
Aber nachher kam gar kein Kind.
Darum hatten wir damals das Pferd dann Bubi ge-
    tauft. –

Weil nun die Holzpreise so unerschwinglich sind;
Und ich nun doch schon seit Donnerstag
Nicht mehr angestellt bin, weil ich nicht mehr mag;
Haben wir's eingeteilt. Und zwar:
Die Schaukel selbst für November,
Kopf und Beine Dezember,
Rumpf mit Sattel für Januar.

Ich gehe nie wieder in die Fabrik,
Ich habe das Regelmäßige dick.
Da geht das Künstlerische darüber abhanden.
Wenn die auch jede Woche bezahlen,
Aber nur immer Girlanden und wieder Girlanden
Auf Spucknäpfe malen,
Die sich die Leute doch nie begucken,
Im Gegenteil noch drauf spucken, –
Das bringt ja ein Pferd auf den Hund.

Als freier Künstler kann ich bis mittags liegen
Bleiben. – Na und die Frau ist gesund.
Es wird sich schon was finden, um Geld beizu-
  kriegen.
Anna und ich haben vorläufig nun
Erst mal genug mit dem Bubi zu tun.
Rumpf zersägen, Beine rausdrehn,
Nägel rausreißen, Fell abschälen.
Darüber können Wochen vergehn.
Das will auch gelernt und verstanden sein,
Sonst kann man sich daran zu Tode quälen.
Solches Holz ist härter als Stein.

Dann spalten und Späne zum Anzünden schneiden
Und tausenderlei.
Aber das tut uns gut, uns beiden,
Sich mal so körperlich auszuschwitzen.

Außerdem kann man ja dabei
Ganz bequem auf dem Sofa sitzen;
Raucht seine Pfeife, trinkt seinen Tee,
Und vor allem: Man ist eben frei!
Man hat sein eigenes Atelier.
Man hat seinen eigenen Herd;
Da wird ein Feuerchen angemacht –
Mit Bubipferd –,
Daß die Esse kracht.
Und die Anna singt und die Anna lacht.

Da können wir nach Belieben
Die Arbeit auf später verschieben.

Denn wenn man das Gas uns sperren läßt
Oder kein Bier ohne Bargeld mehr gibt,
Dann kriechen wir gleich nach Mittag ins Nest
Und schlafen, solange es uns beliebt.

Freilich: Der feste Lohn fällt nun fort,
Aber die Freiheit ist auch was wert.
Und das mit dem Schaukelpferd
Ist jetzt unser Wintersport.

Aufgebung

Ich lasse das Schicksal los.
Es wiegt tausend Milliarden Pfund;
Die zwinge ich doch nicht, ich armer Hund.

Wie's rutscht, wie's fällt,
Wie's trifft – so warte ich hier. –
Wer weiß denn vorher, wie ein zerknittertes Zei-
    tungspapier
Weggeworfen im Wind sich verhält?

Wenn ich noch dem oder jener (zum Beispiel dir)
Eine Freude bereite,
Was will es dann heißen: »Er starb im Dreck«? –
Ich werfe das Schicksal nicht weg.
Es prellt mich beiseite.

Ich poche darauf: Ich war manchmal gut.
Weil ich sekundenlang redlich gewesen bin. –
Ich öffne die Hände. Nun saust das Schicksal dahin.
Ach, mir ist ungeheuer bange zumut.

Chansonette

War ein echter Prinz und hat Warzen im Bett.
Und kniete vor jeder Schleife.
Vaters Leiche lag auf dem Bügelbrett
Und roch nach Genever und Seife.

Wenn der Pfaffe unter meine Röcke schielt,
Sagt die Alte, werd' ich Geld bekommen.
Meinem Bruder, der so schön die Flöte spielt,
Haben sie die Nieren rausgenommen.

Glaubst du noch an Gott? und spielst du Lotterie?
Meine Schwester kommt im Juli nieder.
Doch der Kerl ist ein gemeines Vieh.
Schenk mir zwanzig Mark; du kriegst sie wieder.

Außerdem: ich brauche ein Korsett,
Und ein Nadelchen mit blauen Steinen.
In ein Kloster möcht ich. Oder bei's Ballett.
Manchmal muß ich ganz von selber weinen.

Gedichte verschiedenen Inhalts

Die Geburtenzahl

Die Geburtenzahl
Ging herunter,
Traf den Pfarrer im Tal
Nachts noch munter.

Heidel da diedel dum
Wie war das schön im Tal!
Aufwärts steigt wiederum
Bald die Geburtenzahl.

Und dann lächelt alles froh
Im statistischen Büro.

Wie mag er aussehn?

Wer hat zum Steuerbogenformular
Den Text erfunden?
Ob der in jenen Stunden,
Da er dies Wunderwirr gebar,
Wohl ganz – – – oder total – – war?

Du liest den Text. Du sinnst. Du spinnst.
Du grinst – »Welch Rinds'« – Und du beginnst
Wieder und wieder. – Eisigkalt
Kommt die Vision dir »Heilanstalt«.

Für ihn? Für dich? – Dein Witz erblaßt.
Der Mann, der jenen Text verfaßt,
Was mag er dünkeln oder wähnen?
Ahnt er denn nichts von Zeitverlust und Tränen?

Wir kommen nicht auf seine Spur.
Und er muß wohl so sein und bleiben.
Auf seinen Grabstein sollte man nur
Den Text vom Steuerbogen schreiben.

Der Bücherfreund

Ob ich Biblio- was bin?
phile? »Freund von Büchern« meinen Sie?
Na, und ob ich das bin!
Ha! und wie!

Mir sind Bücher, was den andern Leuten
Weiber, Tanz, Gesellschaft, Kartenspiel,
Turnsport, Wein, und weiß ich was, bedeuten.
Meine Bücher – – – wie beliebt? Wieviel?

Was, zum Henker, kümmert mich die Zahl.
Bitte, doch mich auszureden lassen.
Jedenfalls: Viel mehr, als mein Regal
Halb imstande ist zu fassen.

Unterhaltung? Ja, bei Gott, das geben
Sie mir reichlich. Morgens zwölfmal nur
Nüchtern zwanzig Brockhausbände heben – – –
Hei! das gibt den Muskeln die Latur.

Oh, ich mußte meine Bücherei,
Wenn ich je verreiste, stets vermissen.
Ob ein Stuhl zu hoch, zu niedrig sei,
Sechzig Bücher sind wie sechzig Kissen.

Ja natürlich auch vom künstlerischen
Standpunkt. Denn ich weiß die Rücken
So nach Gold und Lederton zu mischen,
Daß sie wie ein Bild die Stube schmücken.

Äußerlich? Mein Bester, Sie vergessen
Meine ungeheure Leidenschaft,
Pflanzen fürs Herbarium zu pressen.
Bücher lasten, Bücher haben Kraft.

Junger Freund, Sie sind recht unerfahren,
Und Sie fragen etwas reichlich frei.
Auch bei andern Menschen als Barbaren
Gehen schließlich Bücher mal entzwei.

Wie? – ich jemals auch in Büchern lese??
Oh, Sie unerhörter Ese – – –
Nein, pardon! – Doch positus, ich säße
Auf dem Lokus und Sie harrten
Draußen meiner Rückkehr, ach dann nur
Ja nicht länger auf mich warten.
Denn der Lokus ist bei mir ein Garten,
Den man abseits ohne Zeit und Uhr
Düngt und erntet dann Literatur.

Bücher – Nein, ich bitte Sie inständig:
Nicht mehr fragen! Laß dich doch belehren!
Bücher, auch wenn sie nicht eigenhändig
Handsigniert sind, soll man hoch verehren.

Bücher werden, wenn man will, lebendig.
Über Bücher kann man ganz befehlen.
Und wer Bücher kauft, der kauft sich Seelen.
Und die Seelen können sich nicht wehren.

Verflucht und zugenäht

Man sollte den Gesetzen
In Kleinigkeiten
Ein Bein stellen und sie verletzen
Und sie, von Gönnern geldunterstützt,
Überschreiten.
Man sollte den Richter,
Der Künstler, Dichter
Oder nur Mensch ist, unbändig verehren.
Man sollte das andre, konträre Gelichter
Zermalmen und sich selber vermehren.
Man sollte so sein, wie ich es bin.
Man sollte –
Wenn nicht der liebe Gott es hin
Und wieder ganz anders wollte.

Blues

Wenn du nicht froh kannst denken,
Obwohl nichts Hartes dich bedrückt,
Sollst du ein Blümchen verschenken
Aufs Geratewohl von dir gepflückt.

Irgendein staubiger, gelber, –
Sei's Hahnenfuß – vom Wegesrand.
Und schenke das Blümchen dir selber
Aus linker Hand an die rechte Hand.

Und mache dir eine Verbeugung
Im Spiegel und sage: »Du,
Ich bin der Überzeugung,
Dir setzt man einzig schrecklich zu.
Wie wär's, wenn du jetzt mal sachlich
Fleißig einfach arbeiten tätst?
Später prahle nicht und jetzt lach nicht,
Daß du nicht in Übermut gerätst.«

Es lohnt sich doch

Es lohnt sich doch, ein wenig lieb zu sein
Und alles auf das Einfachste zu schrauben.
Und es ist gar nicht Großmut zu verzeihn,
Daß andere ganz anders als wir glauben.

Und stimmte es, daß Leidenschaft Natur
Bedeutete im guten und im bösen,
Ist doch ein Knoten in dem Schuhband nur
Mit Ruhe und mit Liebe aufzulösen.

Schenken

Schenke groß oder klein,
Aber immer gediegen.
Wenn die Bedachten
Die Gaben wiegen,
Sei dein Gewissen rein.

Schenke herzlich und frei.
Schenke dabei,
Was in dir wohnt
An Meinung, Geschmack und Humor,
So daß die eigene Freude zuvor
Dich reichlich belohnt.

Schenke mit Geist ohne List.
Sei eingedenk,
Daß dein Geschenk
Du selber bist.

Volkslied

Wenn ich zwei Vöglein wär
Und auch vier Flügel hätt,
Flög die eine Hälfte zu dir.
Und die andere, die ging auch zu Bett,
Aber hier zu Haus bei mir.

Wenn ich einen Flügel hätt
Und gar kein Vöglein wär,
Verkaufte ich ihn dir
Und kaufte mir dafür ein Klavier.

Wenn ich kein Flügel wär
(Linker Flügel beim Militär)
Und auch keinen Vogel hätt,
Flög ich zu dir.
Da 's aber nicht kann sein,
Bleib ich im eignen Bett
Allein zu zwein.

Und auf einmal steht es neben dir

Und auf einmal merkst du äußerlich:
Wieviel Kummer zu dir kam,
Wieviel Freundschaft leise von dir wich,
Alles Lachen von dir nahm.

Fragst verwundert in die Tage.
Doch die Tage hallen leer.
Dann verkümmert deine Klage …
Du fragst niemanden mehr.

Lernst es endlich, dich zu fügen,
Von den Sorgen gezähmt.
Willst dich selber nicht belügen
Und erstickst es, was dich grämt.

Sinnlos, arm erscheint das Leben dir,
Längst zu lang ausgedehnt. – –
Und auf einmal – –: Steht es neben dir,
An dich angelehnt – –
Was?
Das, was du so lang ersehnt.

Genau besehn

Wenn man das zierlichste Näschen
Von seiner liebsten Braut
Durch ein Vergrößerungsgläschen
Näher beschaut,
Dann zeigen sich haarige Berge,
Daß einem graut.

An den Mann im Spiegel

Du bist ein krummer, dummer Hund!
Und hast es doch so gut gehabt,
Bist gar nicht reich und bist gesund,
Auch großenteils nicht unbegabt.

Du altes Schwein im Trüffelbeet,
Weißt du auch stets, wie gut's dir geht?

Du, spring nicht über Schranken,
Die höher, als du selbst bist, sind.
Vergiß nie, täglich wie ein Kind
Für alles tief zu danken.

Reklame

Ich wollte von gar nichts wissen.
Da habe ich eine Reklame erblickt,
Die hat mich in die Augen gezwickt
Und ins Gedächtnis gebissen.

Sie predigte mir von früh bis spät
Laut öffentlich wie im stillen
Von der vorzüglichen Qualität
Gewisser Bettnässer-Pillen.

Ich sagte: »Mag sein! Doch für mich nicht!
      Nein, nein!
Mein Bett und mein Gewissen sind rein!«

Doch sie lief weiter hinter mir her.
Sie folgte mir bis an die Brille.
Sie kam mir aus jedem Journal in die Quer
Und säuselte: »Bettnässer-Pille.«

Sie war bald rosa, bald lieblich grün.
Sie sprach in Reimen von Dichtern.
Sie fuhr in der Trambahn und kletterte kühn
Nachts auf die Dächer mit Lichtern.

Und weil sie so zähe und künstlerisch
Blieb, war ich ihr endlich zu Willen.
Es liegen auf meinem Frühstückstisch
Nun täglich zwei Bettnässer-Pillen.

Die ißt meine Frau als »Entfettungsbonbon«.
Ich habe die Frau belogen.
Ein holder Frieden ist in den Salon
Meiner Seele eingezogen.

... als eine Reihe von guten Tagen

Wir wollen uns wieder mal zanken,
Auf etwas hacken wie Raben,
Daß unsre zufriednen Gedanken
Eine Ablenkung haben.

Wir wollen irgendein harmloses Wort
Entstellen,
Dann uns verleumden und zum Tort
Etwas tun; das schlägt dann Wellen.

Wir wollen dritte aufzuhetzen
Versuchen,
Dann unsere Freundschaft verfluchen,
Einmal sogar ein Messer wetzen,
Dann aber uns – in Blickweite –
Auseinander zusammensetzen,
Um superior jedem weiteren Streite
Auszuweichen;
Mit dem Schwur beiseite:
Uns nimmermehr zu vergleichen.

Dann wollen wir, jeder mit Ungeduld,
Ein paar Nächte schlecht träumen,
Dann heimlich eine gewisse Schuld

Dem anderen einräumen,
Dann lächeln, dann seufzen, dann stöhnen,
Dann plötzlich uns gründlich bezechen,
Dann von dem vergänglichen, wunderschönen
Leben sprechen.

Und dann uns wieder einmal versöhnen.

Heimweg

Babette starb – noch vor erhoffter Zeit. –
Bei ihrer Nichte stand ein Sarg bereit.
Und diese Nichte fuhr mit ihrem Gatten
Nebst Leiche und mit Höchstgeschwindigkeit
Im Leichenauto zum Bestatten.

Doch was kommt in Berlin nicht alles vor;
Und eben deshalb hatte der Chauffeur
In einem Ladenfenster links am Brandenburger Tor
Malheur.

Aus Autotrümmern, Scherben und Korsetten
Zog man Chauffeur nebst Nichte, nebst Gemahl
ganz tot hervor.

Die Leiche nur (wir sprechen von Babetten)
Vermochte sich zu retten.
Da sie zum Glück nur scheintot wesen war,
Ging sie jetzt heim und lächelte sogar.

Maiengruß an den Redakteur

Frühlingszartes Wohlbehagen
Schwellt erfrorne Poesie.
Maiberauscht im Speisewagen
Ballt sich etwas wie Genie.

Weil Berlin voraus in Sicht ist
Und die Sonne mich bestrahlt.
Und je länger ein Gedicht ist,
Desto besser wird's bezahlt.

Darum: Hundertzweiundneunzig
Tausend und fünfhundertzwei
Oder noch mehr Leute freun sich.
Denn der Winter ist vorbei.

Elf Millionen zweimal hundert
Tausend siebenhundertzehn
Menschen sind etwas verwundert,
Weil kein Maikäfer zu sehn.

Sechs Billionen zwölf Milliarden –
Schätzungsweise – fragen sich:
Wo steckt Maximilian Harden.
Nun, verflucht, was kümmert's mich.

Vier Trillionen neun Billionen
Zirka siebenhundertelf
Milliarden fünf Millionen
Achtzehntausend hundertzwölf – –

Und ich könnte das erweitern
Bis in die Unendlichkeit,
Doch ein Dichter tritt den heitern
Frühlingszarten Mai nicht breit.

Sondern trinkt, sich selbst beschränkend,
Maienbowle, Maienkraut,
Seines Redakteurs gedenkend,
Dem er voll und ganz vertraut.

Guter Rausch

Denken wir jetzt nicht an den Halunken,
Der betrügt, indem er sich besäuft,
Auch nicht an den andern, der betrunken
Schimpft und androht oder Amok läuft,

Nicht an Witzler, nicht an Vielversprecher,
Noch an den, der morgen früh bereut,
Der am Tag vor Nacht- und Nacktheit scheut.
Was ich meine, gilt für andere Zecher.

Ihrer denk ich. Nach dem sechsten Glase,
Oder nach dem dritten oder zehnten,
Kommen sie – nicht etwa in Ekstase –
Sondern in den variiert ersehnten

Zustand, klar und dennoch mild zu sehn,
Mild zu horchen auf die andern, Fremden,
Und wie Engel in schneeweißen Hemden
Sozusagen vor sich selbst zu stehn.

Manchmal schießen sie mit der Pistole
Dann in sich ein ewig tiefes Loch.
Manchmal lächeln sie und trinken noch
Kognak, Zwetschenwasser, Sekt und Bowle.

Aber immer nehmen sie sich vieles
Vor und nehmen vieles still zurück
Und erkennen in Betreff des Zieles
Und der Zukunft ihren Weg zum Glück.

Und man wird um solch entrückte Zeit
Sie beneiden, und man wird sie lieben. –
Wenn sie doch – zu frühem Tod bereit –
Unverändert derart trunken blieben!

Frühling

Die Bäume im Ofen lodern.
Die Vögel locken am Grill.
Die Sonnenschirme vermodern.
Im übrigen ist es still.

Es stecken die Spargel aus Dosen
Die zarten Köpfchen hervor.
Bunt ranken sich künstliche Rosen
In Faschingsgirlanden empor.

Ein Etwas, wie Glockenklingen,
Den Oberkellner bewegt,
Mir tausend Eier zu bringen,
Von Osterstören gelegt.

Ein süßer Duft von Havanna
Verweht in ringelnder Spur,
Ich fühle an meiner Susanna
Erwachende neue Natur.

Es lohnt sich manchmal, zu lieben,
Was kommt, nicht ist oder war.
Ein Frühlingsgedicht, geschrieben
Im kältesten Februar.

Pfingstbestellung

Ein Pfingstgedichtchen will heraus
Ins Freie, ins Kühne.
So treibt es mich aus meinem Haus
Ins Neue, ins Grüne.

Wenn sich der Himmel grau bezieht,
Mich stört's nicht im geringsten.
Wer meine weiße Hose sieht,
Der merkt doch: Es ist Pfingsten.

Nun hab ich ein Gedicht gedrückt,
Wie Hühner Eier legen,
Und gehe festlich und geschmückt –
Pfingstochse meinetwegen –
Dem Honorar entgegen.

Morgenwonne

Ich bin so knallvergnügt erwacht.
Ich klatsche meine Hüften.
Das Wasser lockt. Die Seife lacht.
Es dürstet mich nach Lüften.

Ein schmuckes Laken macht einen Knicks
Und gratuliert mir zum Baden.
Zwei schwarze Schuhe in blankem Wichs
Betiteln mich »Euer Gnaden«.

Aus meiner tiefsten Seele zieht
Mit Nasenflügelbeben
Ein ungeheurer Appetit
Nach Frühstück und nach Leben.

Sommerfrische

Zupf dir ein Wölkchen aus dem Wolkenweiß,
Das durch den sonnigen Himmel schreitet.
Und schmücke den Hut, der dich begleitet,
Mit einem grünen Reis.

Verstecke dich faul in die Fülle der Gräser.
Weil's wohltut, weil's frommt.
Und bist du ein Mundharmonikabläser
Und hast eine bei dir, dann spiel, was dir kommt.

Und laß deine Melodien lenken
Von dem freigegebenen Wolkengezupf.
Vergiß dich. Es soll dein Denken
Nicht weiter reichen als ein Grashüpferhupf.

Silvester

Daß bald das neue Jahr beginnt,
Spür ich nicht im geringsten.
Ich merke nur: die Zeit verrinnt
Genau so wie zu Pfingsten,

Genau wie jährlich tausendmal.
Doch Volk will Griff und Daten.
Ich höre Rührung, Suff, Skandal,
Ich speise Hasenbraten.

Mit Cumberland, und vis-à-vis
Sitzt von den Krankenschwestern
Die sinnlichste. Ich kenne sie
Gut, wenn auch erst seit gestern.

Champagner drängt, lügt und spricht wahr.
Prosit, barmherzige Schwester!
Auf! In mein Bett! Und prost Neujahr!
Rasch! Prosit! Prost Silvester!

Die Zeit verrinnt. Die Spinne spinnt
In heimlichen Geweben.
Wenn heute nacht ein Jahr beginnt,
Beginnt ein neues Leben.

Was würden Sie tun, wenn Sie das
neue Jahr regieren könnten?

Ich würde vor Aufregung wahrscheinlich
Die ersten Nächte schlaflos verbringen
Und darauf tagelang ängstlich und kleinlich
Ganz dumme, selbstsüchtige Pläne schwingen.

Dann – hoffentlich – aber laut lachen
Und endlich den lieben Gott abends leise
Bitten, doch wieder nach seiner Weise
Das neue Jahr göttlich selber zu machen.

PROSA

Kuttel Daddeldu erzählt seinen Kindern
das Märchen vom Rotkäppchen und
zeichnet ihnen sogar was dazu

Kinners, wenn ihr mal fünf Minuten lang das Maul
halten könnt, dann will ich euch die Geschichte vom
Rotkäppchen erzählen, wenn ich mir das noch zu-
sammenreimen kann. Der alte Kapitän Muckelmann
hat mir das vorerzählt, als ich noch so klein und so
dumm war, wie ihr jetzt seid. Und Kapitän Muckelmann hat nie gelogen.

Also lissen tu mi. Da war mal ein kleines Mädchen. Das wurde Rotkäppchen angetitelt – genannt
heißt das. Weil es Tag und Nacht eine rote Kappe auf
dem Kopfe hatte. Das war ein schönes Mädchen, so
rot wie Blut und so weiß wie Schnee und so schwarz
wie Ebenholz. Mit so große runde Augen und hin-

ten so ganz dicke Beine und vorn – na kurz eine verflucht schöne, wunderbare, saubere Dirn.

Und eines Tages schickte die Mutter sie durch den
Wald zur Großmutter; die war natürlich krank. Und
die Mutter gab Rotkäppchen einen Korb mit drei
Flaschen spanischen Wein und zwei Flaschen schot-
tischen Whisky und einer Flasche Rostocker Korn
und einer Flasche Schwedenpunsch und einer Buttel
mit Köm und noch ein paar Flaschen Bier und Kuchen und solchen Kram mit, damit sich Großmutter
mal erst stärken sollte.

»Rotkäppchen«, sagte die Mutter noch extra, »geh
nicht vom Wege ab, denn im Walde giebts wilde

Wölfe!« (Das ganze muß sich bei Nikolajew oder sonstwo in Sibirien abgespielt haben.) Rotkäppchen

versprach alles und ging los. Und im Walde begegnete ihr der Wolf. Der fragte: »Rotkäppchen, wo gehst du denn hin?« Und da erzählte sie ihm alles, was ihr schon wißt. Und er fragte: »Wo wohnt denn deine Großmutter?«

Und sie sagte ihm das ganz genau: »Schwiegerstraße dreizehn zur ebenen Erde.«

Und da zeigte der Wolf dem Kinde saftige Himbeeren und Erdbeeren und lockte sie so vom Wege ab in den tiefen Wald.

Und während sie fleißig Beeren pflückte, lief der Wolf mit vollen Segeln nach der Schwiegerstraße Nummero dreizehn und klopfte zur ebenen Erde bei der Großmutter an die Tür.

Die Großmutter war ein mißtrauisches, altes Weib mit vielen Zahnlücken. Deshalb fragte sie barsch: »Wer klopft da an mein Häuschen?«

Und da antwortete der Wolf draußen mit verstellter Stimme: »Ich bin es, Dornröschen!«

Und da rief die Alte: »Herein!« Und da fegte der Wolf ins Zimmer hinein. Und da zog sich die Alte

ihre Nachtjacke an und setzte ihre Nachthaube auf und fraß den Wolf mit Haut und Haar auf.

Unterdessen hatte sich Rotkäppchen im Walde verirrt. Und wie so pißdumme Mädel sind, fing sie an, laut zu heulen.

Und das hörte der Jäger im tiefen Wald und eilte herbei. Na – und was geht uns das an, was die beiden dort im tiefen Walde miteinander vorgehabt haben, denn es war inzwischen ganz dunkel geworden, jedenfalls brachte er sie auf den richtigen Weg.

Also lief sie nun in die Schwiegerstraße. Und da sah sie, daß ihre Großmutter ganz dick aufgedunsen war.

Und Rotkäppchen fragte: »Großmutter, warum

hast du denn so große Augen?« Und die Großmutter antwortete: »Damit ich dich besser sehen kann!«

Und da fragte Rotkäppchen weiter: »Großmutter, warum hast du denn so große Ohren?«

Und die Großmutter antwortete: »Damit ich dich besser hören kann!«

Und da fragte Rotkäppchen weiter: »Großmutter, warum hast du denn so einen großen Mund?«

Nun ist das ja auch nicht recht, wenn Kinder so
was zu einer erwachsenen Großmutter sagen.

Also da wurde die Alte fuchsteufelswild und
brachte kein Wort mehr heraus, sondern fraß das
arme Rotkäppchen mit Haut und Haar auf. Und

dann schnarchte sie wie ein Walfisch. Und draußen
ging gerade der Jäger vorbei.

Und der wunderte sich, wieso ein Walfisch in die
Schwiegerstraße käme. Und da lud er seine Flinte
und zog sein langes Messer aus der Scheide und trat,
ohne anzuklopfen, in die Stube.

Und da sah er zu seinem Schrecken statt einen Walfisch die aufgedunsene Großmutter im Bett.

Und – diavolo caracho! – da schlag einer lang an Deck hin! – Es ist kaum zu glauben! – Hat doch das

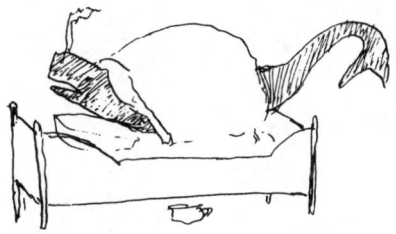

alte gefräßige Weib auch noch den Jäger aufgefressen. –

Ja da glotzt ihr Gören und sperrt das Maul auf, als käme da noch was. – Aber schert euch jetzt mal aus dem Wind, sonst mach ich euch Beine.

Mir ist schon so wie so die Kehle ganz trocken von

den dummen Geschichten, die doch alle nur erlogen und erstunken sind.

Marsch fort! Laßt euren Vater jetzt eins trinken, ihr – überflüssige Fischbrut!

Der tätowierte Apion

Nachlässig schwenkt sie die Waffen der Reinlichkeit, Besen, Schaufel, Staubtuch. In der Schürzentasche, die wie ein Känguruhbeutel überm Magen klafft, trägt sie die Morgenpost für den gnädigen Herrn, und so betritt sie, feindselig, dessen Arbeitszimmer. Diesen scheußlichen, unangenehmen, ungemütlichen Raum, wo man nicht zwei Walzerschritte versuchen kann, ohne eine Vase, ein Bild oder solch einen dämlichen Gott zu Scherben zu bringen; Götter, die nur aus Gips und Stein bestehen, zum Teil keine Arme oder Beine mehr haben und die der Professor doch mit kindischer Zärtlichkeit verehrt, während er für die Menschen kein freundliches Wort erübrigt; – Bilder – und Schweinereibilder darunter –, welche die schöne Plüschtapete völlig verbergen; Tonfiguren, mit Staub und Spinnweb überzogen, Bücher, Zeitungen, Papiere überall verstreut und so dicht gehäuft, daß man von den Möbeln nichts erkennt, auf denen sie ruhen. Und man soll sie abstäuben und darf sie doch nicht berühren. »Er hat wieder die Nacht durchstudiert«, bemerkt Agnes zu dem leeren Glasbassin einer kunstvollen Renaissancelampe, und sie breitet die Morgenpost wohlberechnet auf der aktuellen Stelle des Schreibtisches aus, wo immer das Neueste lagert, nicht ohne die angekommenen Karten vorher nochmals neugierig zu untersuchen.

Es ist eine darunter von der gnädigen Frau aus dem Seebad. Sie scheint sich vortrefflich zu amüsieren; wer mag es ihr verdenken.

Auf dem Schreibtisch fällt diesmal ein schwarzpolierter Kasten als noch unbekannt auf, außerdem eine Broschüre, überschrieben: An-tikes – Leben aus – grie-chi-schen – Papy-ri. Weiter quält sich das Mädchen nicht, wendet sich vielmehr ab, wie von etwas Unappetitlichem überrascht. Aber daneben schreit eine Bücherrechnung; die versteht sie.

800 Mark! Achthundert Mark wirft er für so was fort, und den neuen Zylinderputzer hat er neulich abgelehnt. Sie, Agnes, muß seit Jahren jeden Pfennig ängstlich hüten, um nur den Violinunterricht für ihren Sohn bestreiten zu können, und er, der Professor – Aber er genießt seinen Reichtum nicht. Wenn sie nur einen kleinen Teil seines Vermögens besäße, wie wüßte sie ihn fröhlich und sattsam auszukosten; und obendrein würde dann gewiß der Mann sie heiraten, der ihr das Kind gemacht hat. Das liebe Kind! Der brave, herzige Junge; er wird auch ohne das seine Straße finden, denn er ist klug. O ist er klug, und schmuck und gradaus, so daß alle ihn gern haben. Er wird erst seine drei Jahre Soldat sein und nach-

her weiter Musik studieren. Er wird ein berühmter Mann werden, so Gott will, noch berühmter als der Professor, ein »Geigenvitriose«.

Unter solchen zuversichtlichen Erwägungen hantiert Fräulein Mutter Agnes aus sicherlich reizvollen Tiefen ihrer Bluse einen Brief und ein schmales Porträt hervor, um beides mit Muße innig zu betrachten, das Bild sogar wiederholt zu küssen.

Wie gesteigerte Rührung sie zwingt, mit dem Nächstbesten, das heißt: mit dem Staubtuch, die Augen zu trocknen – schon daraus ergibt sich, daß der Brief ihr weit mehr bedeutet als etwa einem fremden Dritten, welcher von ihm nur ablesen würde:

»Liebe gute Mutter.
Herzliche Grüße von Bord S. S. Carola, wo wir gestern eingeschifft sind. Ich schicke Dir meine Photographie. Grüße Herrn Werk und alle Bekannte von mir. Es geht mir sehr gut. Alle sind gut zu mir und mein Violinenspiel kommt mir hier sehr zu statten. Gestern haben Paul und ich uns Glaube-Liebe-Hoffnung (ein Kreuz, ein Herz und ein Anker) in den Oberarm einstechen lassen. Das vergeht nie mehr. In der Hoffnung, daß Du gesund bist und mir bald schreibst, küßt Dich
Dein Oswald.«

Im Studierzimmer des Professors, wo das Dienstmädchen auf derartig pflichtvergessene und gemütvolle Weise ihr Reinigungsamt einleitet, geschieht plötzlich etwas, wenn auch nicht Wunderbares, so doch erschreckend Ungewöhnliches. Nämlich: zum gleichen Moment, da vom Gartensaal die zorngehobene Stimme des Hausherrn herüberschwillt, nach der im Hause nur allzu gewohnten Melodie: Gegen Dummheit kämpfen Götter selbst vergebens – zur selben Zeit löst sich in einer schlecht belichteten Ecke ganz von selber eine kleine eingerahmte Silhouette von der Wand und klirrt zu Boden.

Es vergeht eine geraume Weile, bis die Dienerin das Ereignis begreift. »Das ganze Haus zittert, wenn er den Mund öffnet«, murrt sie, »da haben wir die Bescherung: Scherben. Scherben am Morgen bringt Kummer und Sorgen. – Lieber Gott, das war sein einziger Sohn«, fügt sie, das Bildnis erkennend, in weichem Tone hinzu, »der hängt hier im dunkelsten Winkel. Über das alberne gelehrte Zeug haben sie ihn ganz vergessen, – und ist doch kaum vier Jahre her, daß er ertrank.«

Sie entfernt Splitter und Rahmen von der Pappe, und indem sie diese mitten auf den aktuellen Schreibtischplatz ans Tintenfaß stellt, folgt sie – wer weiß – einer sehr hübschen Idee. – Wieder ein Geräusch. Die Uhr neben dem großen Gipsmann, der wie der Papst aussieht, schlägt, die alte Standuhr (der

Professor nennt sie schlechtweg nur »die Zeit«) mit den vielen Männchen und Türmchen und anderen Geschichtchen drum und dran. Es klingt heute so häßlich mahnend.

Besen, Schaufel, Wischtuch erwachen, huschen, kratzen, scharren, schieben. Agnes räumt auf. Sie klappert und rückt, sie reckt sich und bückt sich, und ungeachtet sie sich nach Manier der Stubenmädchen häufig unterbricht, um den Spiegel zu befragen oder ein Buch näher zu beäugeln (worin sie dann auf enttäuschende Titel stößt), drückt sich zuletzt doch in ihrer Miene die Genugtuung aus, das Erforderliche zur rechten Zeit beendet zu haben. Im Frohsinn darob und in einer Art gutmütiger Verachtung kann sie es sich nicht versagen, bevor sie die Stube verläßt, noch dem alten Gipsmann mit dem Besen ins Gesicht zu stipsen, so daß ein Büschel schmutziger Teppichfasern an der weißen Nase hängen bleibt. – – Und als die Tür zuschlägt, lächelt der alte Gipsmann – es ist eine Voltairestatue – lächelt mit seitwärts geneigtem Haupte, wie er zuvor gelächelt hat und wie er weiter lächeln wird, nach Houdons Willen, gedankenschwer, altersmild, überlegen, – ein wenig spöttisch – ein wenig falsch. – – – – – – Irgendwie erinnert der Professor an einen Marabu, als er bald darauf nachdenklich dasselbe Zimmer betritt. Dieses geistvolle, interessante Zimmer, wo tausend Gegenstände das Herz anregen, deren jeder an Kunst und Wissenschaft appelliert, von Weisheit, Schönheit und achtunggebietendem Fleiße predigt. Der kleine bejahrte Herr mit der von spärlichem, aber langem Weißhaar umpluderten Glatze weiß genau, welchen gelehrten, würdevollen Eindruck seine Stube gewährt, obschon er sie nie als Ganzes überschaut, vielmehr nur einzelne Stellen ins Auge faßt, wenn er beim Durchgehen die meist abwärts gerichteten Blicke einmal aufhebt. Aber in solchen knappen Momenten ist es, als sähen da zwanzig Augen und dächten zwanzig Köpfe dahinter.

Dort fehlt ein Band Niebuhr, entdeckt sein linkes Auge am Regal, während das rechte die Teppichfasern an Voltaires Nase gewahr wird. Schon ist die rechte Hand bestrebt, dieses Übel zu beseitigen. Dabei betastet die Linke eine auf dem Rauchtisch befindliche Silberschale, eine Kopie von jener aus dem Hildesheimer Fund, und laut sagt der Professor: »Nein, das kann unmöglich ein Steuer sein, was die Minerva in der Hand hält.«

Er schleppt verschiedene Folianten zum Schreibtisch und läßt sich dort umständlich bequem auf einem geschnitzten Stuhl nieder, mauert sich, sozusagen, dort ein, als ob er für viele Stunden nicht wieder weichen wollte, was auch wirklich seine Absicht ist. Darauf nimmt er gewohnterweise und mit sichtlichem Genuß von Wichtigkeit die eingetroffenen Briefschaften vor. Zunächst ein unverschlossenes Schreiben nebst der Photographie eines Matrosen. Nanu? – Er überfliegt beides mißmutig.

Solchen dummen Schnickschnack hat sie im Hirn und vernachlässigt ihren Dienst. O diese Barbaren, diese Kalmücken! Nichts wie Dummheiten im Schädel, kein Gefühl für Freude an Tätigkeit haben sie, nur den ordinären, animalischen Trieb, Unbequemes zu fliehen oder sobald als möglich loszuwerden. Sie vegetieren, ohne Geist, ohne Verstand, ohne Höhe und Tiefe, ohne Ernst. Nur fressen, saufen und – Der Gelehrte klingelt dringlich mit einer Glocke, deren sich – ihm fällt das jetzt sogar ein – vormals Franz Schubert bedient hat.

Eine Karte von seiner Frau. Sie grüßt ihn und erteilt einige Aufträge; er wird alles sogleich gewissenhaft erledigen und beantworten. Ihn interessiert, was sie im Auftrage Dr. Tiezes berichtet. Tiezefreund erkundigt sich, ob Knobelsdorff etwas über Architektur publiziert habe.

Keineswegs hat er das – aber man muß immerhin nachschlagen. Erneutes Klingeln schafft Agnes herbei.

Der Professor redet, ohne aufzusehen, ziemlich hastig, unsicher und undeutlich, und er beugt sich derweilen eifrig über einen assyrischen Dolch:

Ihre Nachlässigkeit gereiche zur Kulmination. Ob sie bezüglich Voltaires nicht gefälligst etwas mehr attendieren wolle?

Sie weiß nicht, was Voltaire ist.

Heiliger Himmel! Diese Person! Sie hat nichts von Voltaire gehört! »Dort! – Der da!«

Was der Generalkontrolleur auf dem Schreibtisch zu tun habe? Das Stubenmädchen kapiert die Frage nicht, aber, wahrhaftig, kein anderer würde sie in diesem Falle kapieren, denn sie ist durch Zerstreutheit völlig entstellt.

Was hat die Silhouette auf dem Schreibtisch zu tun? wollte der Professor fragen, aber da er sich nach seiner Gewohnheit, fortwährend zu eruieren und zu etymologisieren, auf dem Wege vom Gedanken zum Wort noch mit dem französischen Generalkontrolleur Etienne de Silhouette aufgehalten hat, geschah es, daß besagte Konfusion herauskam.

Die Dienerin rührt kein Glied.

Und sie möge doch gütigst ihre Privatkorrespondenzen etwas separieren. Das Gesicht streng abgewendet, überreicht ihr der Professor Photographie und Brief des Matrosen, und weil ihr zerknirschtes weinerliches Stillschweigen ihm peinlich wird, fügt er hinzu:

»Holen Sie mir aus dem Musikzimmer den Band Knobelsdorff von der großen Enzyklopädie. – – Huch!« schreit er dann auf und stampft mit den Füßen. »Sie kennt keine Enzyklopädie. Gehen Sie! Sie sind ja ein – eine – huch!«

Verzweifelt mit der Zunge schnalzend, eilt der alte Herr selbst ins Musikzimmer. Ein Griff, und er hat das Gewünschte und kehrt zurück, mauert sich wieder am Schreibtisch ein und arbeitet.

Er liest und kritzelt, er hüstelt und blättert. Vom Park her wächst Sonnenglanz herauf, dringt das Gurren der wilden Tauben; und zwei spielende Falter wirbeln gegen das Fensterglas. Er spürt nichts davon. Nur einmal, mit der Äußerung: »Die Zeit ist wieder nicht aufgezogen«, erhebt er sich verdrossen, um die Uhr zu regulieren, vertieft sich aber gleich wieder am bisherigen Platz in die Lektüre eines Aufsatzes, den er tags zuvor begonnen hat.

Nach den Bewegungen von Haupt und Mund zu schließen, liest er durchweg rasch; auch spricht er dazwischen Worte oder ganze Sätze laut aus.

»Kaum – zweites Beispiel – wie der schon oft behandelte Brief des Apion an seinen Vater – Papyrusblatt – Berliner Museum – zu seiner Zeit – Ägypten – Provinz des römischen – Misenum am Golf von Neapel kommandiert – folgenden Brief, der im Original auf uns gekommen ist – Handgeld – Serenilla – Schiff Athenonike.« Hier stutzt der Professor.

Seine Lippen verharren für lange Sekunden so, wie das Wort Athenonike sie verzogen hat, sein Lesen wird starrer; er blättert eine Seite zurück und fängt an, den zuletzt durchgenommenen Abschnitt langsam, deutlich hörbar, mit gerechter Betonung zu repetieren:

»Apion seinem Vater und Herrn Epimachos herzlichen Gruß. Vor allem wünsche ich dir Gesundheit und alles Glück bei vollem Wohlbefinden, samt meiner Schwester, ihrer Tochter und meinem Bruder. Ich danke dem Serapis, dem Herrn, daß er mich sogleich errettet hat, als ich auf dem Meer in Gefahr geriet.« (Der Professor schielt flüchtig über den Tisch nach der Silhouette hin.) »Als ich in Misenum ankam, empfing ich vom Kaiser ein Handgeld von drei Goldstücken, und es geht mir gut. Ich bitte dich, mein Herr Vater, schreib mir ein Briefchen, erstens über dein Wohlbefinden, zweitens über das meiner Geschwister, drittens, damit ich deine Hand küssen möge, denn du hast mich gut erzogen, und daraufhin hoffe ich schnell vorwärtszukommen, wenn die Götter wollen.« (Der Lesende spielt sich nervös am Bart.) »Grüße vielmals den Kapiton, meine Geschwister, die Serenilla und meine Freunde. Ich hab dir mein Bildchen durch Euktemon geschickt. Übrigens heiße ich Antonius Maximus. Ich wünsche dir Gesundheit. Schiff Athenonike.« Der Professor schiebt das Heft fort und, was er sonst nie tut, lehnt sich im Stuhl zurück. »Das schreibt Apion vom Golfe von Neapel nach Ägypten«, sagt er leise und nickt versonnen mit dem Kopfe, »vor siebzehnhundert Jahren! – Siebzehnhundert Jahren – hm – es ist ganz dasselbe; er schickt sein Konterfei, er grüßt und erbittet Grüße, er dankt – ja, ja, es ist ganz dasselbe.« Der Gelehrte spricht jetzt nach dem Fenster zu, nach den Wolken hin. »Hm – Kreuz, Anker, Herz – sie liebt ihn, ihren Sohn, wie er sie; natürlich liebt sie ihn –«

Lautes Uhrläuten schwingt in des Alten Gedankengang. Es klingt so heiter, so gütig und groß. Ja, diese Eigenschaften, die er da heraushört, ist es nicht, als ob sie jetzt auf seinem Antlitz leuchteten, wie eine Verklärung? Sind nicht alle jene garstigen Fältchen und Schatten darin mit eins verschwunden, welche angewöhntes und anerzogenes Tun und Denken geformt hatten? Scheint nicht der Professor ein Verwandelter zu sein, da er aufspringt und einen ganz ungelehrten Vorsatz mit fast rührender inniger Stimme herausbringt?

»Ich will«, sagt er sich, »ihr hundert Mark schenken; die soll sie ihm senden; das wird ihn freuen. Und ich will«, fährt der wohlhabende Mann fort, »ich will mir das abknapsen, will mir dafür den Lope de Vega verbeißen. – Basta! Ich verzichte auf Dorotea.«

Energisch zieht er ein Schubfach heraus und schickt sich an, eine Banknote zu kuvertieren. Danach klingelt er leicht, später nochmals stärker. Währenddem überlegt er in zunehmender Aufregung, wie er das Geschenk möglichst anspruchslos und unauffällig anbringen könne. Jedoch ehe er noch zu einem endgültigen Entschluß gelangt, erscheint das Stubenmädchen auf der Schwelle, wo sie etwas Herkömmliches von »befehlen« und »Herr Professor« abschnurrt und mit verweinten Augen wartet.

Er geht – wie sie ihn meist antrifft – grübelnd, mit kurzen Schritten auf und ab, eine geschweifte Linie im Teppichmuster verfolgend, und in den überm Rücken verschlungenen Händen hält er ein weißes Kuvert.

»Ja, ja, Agnes«, murmelt er wie für sich selbst, »Glaube, Liebe, Hoffnung – – er hat wohl recht – das vergeht nie.«

Das Mädchen hat nicht verstanden. »Wie befehl'n Herr –'fessor?« fragt sie klanglos.

»Wissen Sie, häm, Agnes«, entgegnet er, zerstreut, stockend, und wünscht eine jäh aufsteigende Verlegenheit hinter nervösen Gesten zu verbergen, »ich möchte dem tätowierten Apion eine kleine – Dedikation machen – häm – Sie –«

Agnes hat recht gehört, aber nicht begriffen. »Wie befehl'n Herr –'fessor?« bringt sie schüchtern hervor.

Eine beiden fatale Pause folgt.

Huch! Dieses Blähschaf! Was befehl'n Herr –'fessor, was befehl'n Herr –'fessor. Hundermal am Tage fragen sie das. Nichts wissen sie, nichts verstehen sie, rein gar nichts. Diese Hottentotten! Diese niederträchtigen Dummköpfe! Das Vieh ist klüger. – Und warum? Weil sie nichts lernen wollen; weil sie Mühe scheuen; weil sie –

»Es ist gut! Ich brauche Sie nicht!« schreit der Professor die Dienerin an, und als sie halb gekränkt, trotzig, halb beschämt aus dem Zimmer schleicht, mau-

ert er sich verärgert am Schreibtisch ein, verschließt
die Banknote und liest bis zum Mittag ununterbrochen in Diltheys »Einbildungskraft des Dichters.« –

– – – – – – – –

– Und Voltaire, der neben der Zeit steht, oder,
richtiger ausgedrückt, sitzt, lächelt, gedankenschwer,
altersmild, überlegen – ein wenig spöttisch – ein wenig falsch.

Das – mit dem »blinden Passagier«

Alwine, die Blumenverkäuferin im Kurhause des Nordseebades Soldorp, pflegte in Augenblicken der Aufregung immer etwas Auffallendes zu tun.

Diesmal drehte sie, während sie in Gedanken Pflicht und Vernunft gegeneinander wog, den obersten Westenknopf von Steuermann Lauken andauernd von links nach rechts, als habe sie es mit dem verkörperten Wankelmut zu tun, dem sie das Genick abdrehen wolle. Und als es so weit gelang, als Lauken halb ungeduldig, halb verwundert dem davonrollenden Knopfe nachblickte – da endlich antwortete sie ihm leicht errötend, aber mit fester Stimme: »Nein, nein, Jahn; es geht nicht. Er kann noch zurückkommen, und dann – – du weißt doch.«

»Aber es sind fast 7 Jahre, daß Henry fort ist«, wandte Jahn traurig ein, »so lange bleibt keiner bei der Fremdenlegion. Sieh mal, Wine, daß ich Steuermann bin und er nur ein Matrose – das will nichts heißen, dazu will ich gar nichts sagen, aber Henry kann tot sein; er kann irgendwo in Australien leben – mit einer anderen. Hier meine Hand. Wine, ganz ohne Eifersucht gesprochen: – treu ist Henry dir nicht. In der ganzen Welt gibt es Briefpapier und – –«

Alwine drehte sich unwillig um und sagte unterbrechend: »Nein, ich will so etwas nicht hören. Du hast ihn nicht gekannt. Der schreibt nicht, hat nicht geschrieben und wird nicht schreiben. Es wird ihm schlecht gehen bei den Franzosen. Tom Hansen hat mir erzählt, wie's dort zugeht. Und Henry wird zu stolz sein, das zu schreiben. – Er kann auch tot sein, ja – – aber wenn er noch lebt, dann ist er mir treu geblieben, wie ich ihm treu geblieben bin.«

»Und wenn er nun tot ist und du erfährst es nicht? – Ertrunken, in Afrika ermordet, verunglückt? Willst du ewig warten? Wine, willst du einmal ganz einsam sterben?«

Alwine schwieg. Sie war ans Fenster getreten und fischte mit ihrem Haarkamm Ameiseneier aus dem Goldfischglas, ohne zu wissen, was sie tat.

Der Steuermann fühlte, daß er Boden gewonnen. Eindringlicher und zärtlicher fuhr er mit der weichen Stimme eines Menschen, der keine Hintergedanken hegt, fort: »Bin ich dir nicht auch treu gewesen? Habe ich nicht in vier Jahren viermal bei dir angefragt, mich immer wieder vertrösten lassen und bin doch immer wieder gekommen? In ein paar Tagen gehen wir wieder in See. Wine – Winchen – laß uns heiraten. Du wirst es gut bei Steuermann Lauken haben, vielleicht auch bald bei Kapitän Lauken.«

Und er küßte sie sacht auf die Schulter und wischte sich vorher mit dem Handrücken den Mund ab, als könne da noch etwas von den vielen ausländischen Seemannsküssen hängengeblieben sein. Sie aber bemühte sich vergeblich, ihre Tränen zurückzuhalten, und als sie auf einmal in dicken Perlen unaufhörlich über die roten, vollen Backen rannen, da gab sie ihm eine derbe Hand und sagte: »Nur noch eine Reise, bitte, Jahn, und wenn du dann zurückkommst und keine Nachricht von Henry da ist, dann« – –

Pftzsch! – Das war so einer von Alwinens treuherzigen Küssen gewesen, die wie ein Siegel waren, dem nichts hinzuzusetzen ist. –

Jahn begab sich, innerlich heiter, äußerlich mit der erkünstelten Würde des Siegesgewissen, an Bord der »Florida«.

Ein paar Tage später ging der Dampfer auf »wilde Fahrt« in See.

Liverpool – Venedig – Odessa – Nikolajew. – –

Als Monate vergangen, da lag das Schiff im Hafen von Algier, um Kohlen einzunehmen und dann die Heimfahrt über Hamburg anzutreten.

Steuermann Lauken stand auf dem Hinterdeck. Lächelnd sah er den arabischen Arbeitern zu, wie sie auf den schmalen, von einer Kohlenschute zum Dampfer führenden Laufbrettern hin und her trippelten und – je zwei Mann mit einem kleinen Korbe – unter monotonen Gesängen die Kohlen an Bord trugen,

Da lief ein weißer Mann, rothaarig, recht ärmlich

gekleidet und mit zerrissenen Segeltuchschuhen an den Füßen, über den Steg. Er sprach einen Moment mit dem Posten und schritt dann, dessen Fingerzeige folgend, auf Lauken zu.

»Steuermann«, begann er, seine englische Mütze ziehend, »ich möchte mich gern nach Deutschland 'nüber arbeiten. Ich habe lange als Matrose gefahren und verstehe meine Arbeit. Ich habe kein Geld mehr.«

»Tut mir leid«, antwortete Lauken und musterte den langgewachsenen Menschen scharf, »die Besatzung des Schiffes zählt 25 Mann. Die sind vollzählig. Mehr darf ich nicht annehmen.«

Der andere sah einen Augenblick zu Boden und sagte dann: »Es ist keine Arbeit hier an Land zu finden. Auch der deutsche Konsul hat mich abgewiesen.«

Lauken zuckte mit den Achseln. Der Matrose bat beharrlich: »Vielleicht reden Sie mit dem Kapitän?«

Das war unvorsichtig gesprochen. Der Steuermann, der von dem kränklichen Kapitän unbeschränkte Vollmacht erhalten, entgegnete ein wenig gekränkt: »Der kann Ihnen auch nicht helfen. Das Schiff darf 25 Mann Besatzung, nicht einen Mann mehr, mitnehmen, nicht einmal zahlende Passagiere.«

Da der Fremde schwieg, fragte Lauken: »Wo sind Sie zu Hause?«

»In Soldorp an der Nordsee.«

Es überlief Lauken kalt. Minuten dauerte es, bis er Worte fand, und diese klangen unsicher, fast zitternd. »Wie kommen Sie denn hierher?«

»Ich bin von der Fremdenlegion desertiert. Nehmen Sie mich doch mit, Steuermann!«

Freimütig, männlich war das gesagt. Etwas wie Stolz lag dahinter, was Lauken Achtung einflößte. Er antwortete mit mehr Wärme als zuvor: »Ich würde Sie gern mitnehmen, aber ich habe keine Erlaubnis dazu, und ich habe noch immer getan, was ich dem Kapitän und der Reederei schuldig bin.«

Der Steuermann hatte wahr gesprochen, und was ihm an Gedanken durch den Kopf gegangen, war sehr edel gewesen. Er hätte eine tiefe, schöne Freude darin gefunden, den Matrosen seiner Braut zurückzubringen, gerade weil er in ihm den Nebenbuhler erkannte. Nur das reine, ehrliche Denken Laukens war es, das gleich bereit war, eine Liebe zu opfern, noch ehe er erwog, daß er eine doppelt wertvolle Freundschaft dafür eintauschen würde.

Aber es war ja unmöglich. Die Reederei erlaubte es nicht. Der strenge, in seiner Krankheit leicht reizbare Kapitän hätte es niemals zugegeben.

Lauken handelte pflichtgemäß.

Doch als Henry mit trotzigem Schweigen seine Mütze aufsetzte und dann in aufrechter Haltung, festen Schrittes von Bord ging, da fühlte der Steuermann, wie weh ihm das tat. Gern hätte er den Deserteur zurückgerufen. Als er es wirklich wollte, war es zu spät.

Lauken suchte die Arbeit auf. Er beaufsichtigte gewissenhaft seine Untergebenen, er schrieb und besorgte allerlei, noch fleißiger als sonst, um peinigende Gedanken zu betäuben.

Am nächsten Morgen um drei Uhr lief der Dampfer aus. Als er die hohe See erreicht hatte, wurde die Steuerbordwache zu Bett oder, wie es seemännisch heißt, zur Koje geschickt, während die Leute von Backbord Befehl erhielten, das Oberdeck vom Kohlenstaub zu reinigen.

Steuermann Lauken, der keinen Dienst hatte, konnte nicht Schlaf finden. Er wanderte, von wilden Gedanken bewegt, durch alle Schiffsräume.

Henry lebte. Henry war ein treuer Mensch. Henry war in Not und sehnte sich heim. Er, Lauken, sein Nebenbuhler, hatte ihm den Weg abgeschnitten, und er, Lauken, hatte doch seine Pflicht getan.

Das beschäftigte, quälte und tröstete ihn rastlos. Er lief durch den Ladungsraum, wo man in Odessa Säcke mit Getreide aufgestapelt hatte. Er irrte durch das Zwischendeck. Er kletterte hinab in den Kohlenbunker, und dort, in dem schwachen Licht, das von oben hereinströmte, sah er etwas, was ihn starr und erschüttert stehenbleiben ließ, als habe er eine gespenstige Erscheinung vor sich. Aus dem hohen

Haufen schwarzen Gesteins ragte ein Kopf hervor, ein Kopf mit roten Haaren, mit drohenden, verzweifelnden Augen.

Lauken erkannte, was das war, und er wußte, was er zu tun hatte, aber sein stärkstes Mitleid siegte über sein stärkstes Pflichtgefühl.

Einige Minuten lang herrschte spannende Stille da unten. Darauf sah Lauken über den Kopf hinweg in die Finsternis des Hintergrundes hinein, dann in die Höhe ringsherum an den Schiffswänden entlang, als suche er etwas. Endlich stieg er mechanisch an Deck und schloß sich in sein Zimmer ein. –

Seitdem verließ der Steuermann während der Freizeit nicht mehr seine Kabine. Hatte er Dienst, so blieb er meist auf dem Hinterdeck und mied ängstlich die unteren Räume. Alle wunderten sich darüber, daß er auf einmal so ernst und verdrossen dreinschaute. Niemand ahnte, daß er zum erstenmal eine Pflicht als Steuermann und Stellvertreter des Kapitäns unterlassen hatte, denn noch wußte niemand von dem blinden Passagier, von dem Steuermann Lauken wußte.

* * *

Die spanische See ist ein böses Wasser. –

Die Notiz über die »Florida«, die durch alle Zeitungen lief, kam auch der Blumenverkäuferin im Kursaal zu Soldorp zu Gesicht. Es hieß da wörtlich:

»Der deutsche Dampfer ›Florida‹ kollidierte während eines Orkans mit der englischen Bark ›Springburn‹ auf der Höhe von Cadiz. Der Dampfer sank sofort. Die aus 25 Mann bestehende Besatzung wurde von den Matrosen der ›Springburn‹ gerettet.«

* * *

Einige Jahre waren seit dem Untergang der ›Florida‹ verstrichen, und gewiß hatte keiner der Fünfundzwanzig das Ereignis vergessen. Einer solchen Katastrophe gedenkt man zeitlebens, wenn man mit dabei gewesen, da die Würfel auf Tod oder Leben rollten.

Für Lauken bedeutete es noch mehr. Ihm war das Haar seitdem ergraut, und er hatte das Lachen verlernt. Nun, da seine Wünsche in Erfüllung gegangen, da Alwine sein Weib geworden und er sie als Kapitän eines Bremer Dampfers auf weiten Reisen nach England, Spanien, ja nach Brasilien mit sich nahm, nun war er ernst, wortkarg und gleichgültig gegen alles geworden, was er sah und hörte. Und auch sie war nicht anders, die früher so lebhafte, heitere Wine.

Sie waren gut zueinander, wie vielleicht einsichtsvolle Gefangene zueinander sind, aber etwas Unausgesprochenes, Trauriges bedrückte beide, was sie nicht gemeinsam trugen.

Das – mit dem »blinden Passagier« konnte er nicht verwinden. War es nicht so, als habe er ihn gemordet? Der Braut den Bräutigam gemordet?

Hätte er nur ein Wort gesprochen damals auf dem englischen Schiff, als sie alle jubelten und bejubelt wurden, die Geretteten. Hätte er damals gerufen: Es fehlt noch einer! Im Bunker bei den Kohlen oder im Kornraum ist einer eingeschlossen! – dann wäre er rein geblieben.

An Rettung war da ja nicht mehr zu denken, aber er hätte sich freigemacht von der Qual dieses Geheimnisses.

Und Wine? Hätte er zu ihr gesagt: Dein Henry ertrank. Es war nicht meine Schuld. Er hatte sich im Schiff versteckt – wie frei mußte ihm jetzt zumute sein. Aber er hatte geschwiegen, auch später, wenn sie manchmal sich seufzend gewünscht, nur zu wissen, ob er noch am Leben sei. Er, an dessen Treue sie noch immer glaubte.

Lauken tastete mitunter nach Entschuldigungen. Was hätte es genützt, die Wahrheit zu sagen? Schmerz mußte es ihr bereiten und dem, der die Botschaft brachte. Konnte er damals vor sie hintreten, um zu sagen: Henry ist tot, heirate mich!? – –

Nein, es gelang nicht, sich rein zu waschen. Es blieb nicht nur Feigheit, sondern ein erbärmlicher Betrug.

Nun hatte er doch nichts von ihr und sie wohl auch nichts von ihm. Sie achteten und schonten einander, aber sie hatten sich wenig zu sagen. Sie küßten sich mitunter und fühlten dabei, daß es geschah, weil es Brauch war. Sie saßen manchmal Hand in Hand an Deck, um über des Meer zu schauen, und vergaßen dabei einander im tiefen Sinnen. Und doch dachten beide dann an den gleichen Mann. –

Da traf einmal die gefürchtete Order ein. Das Schiff fuhr von Cardiff nach Algier.

Lauken war ein kranker Mann geworden. Wine pflegte ihn unermüdlich und ohne zu klagen. Er verbarg die Unruhe, die ihn quälte, so gut er konnte, aber sie nahm zu, je weiter sie nach Süden gelangten, und als bei St. Vincent der Kurs geändert wurde, da war sie zum heißen Fieber geworden. Er kämpfte dagegen mit aller Macht, er wollte sich nicht niederlegen. –

Es kam eine sternlichte Nacht, da die See ganz ruhig geworden. Von Backbord aus sah man ein Licht am Horizont aufblinken. Das war das Feuer von Faro.

Die Matrosen und der Steuermann waren vorn mit dem Takelwerk beschäftigt. Kapitän Lauken stand mit seiner Frau an Deck. Sie hatten sich über die Reling gelehnt und schauten ins Wasser. Es war nichts Ungewöhnliches, daß sie so fast eine Stunde schweigend beisammen verharrten.

Endlich begann Lauken, ohne den Kopf zu erheben: »Alwine, nicht wahr, du kannst Henry nicht vergessen?«

Die Frau schrak zusammen. Es war das erstemal

in ihrer Ehe, daß Jahn diesen Namen von selbst aussprach. Was bedeutete es?

»Aber Jahn –«, stieß sie nur hervor und bemerkte auf einmal, wie verstört er aussah. »Jahn, was ist dir?«

Er gab keine Antwort. Sie wußte nicht, was sie sagen sollte. Ihr Busen hob und senkte sich schnell. Sie drehte erregt ihren Trauring in der Hand, den sie unbewußt vom Finger gestreift.

Da wandte sich der Kapitän um, griff nach dem Ring und warf ihn in weitem Bogen über Bord.

»Dort – unten – liegt – Henry!« sagte er mit einer veränderten, ganz leisen, gramerfüllten Stimme.

Und als sie sich weinend an seine Brust schmiegte, so vertrauend wie nie zuvor, da erzählte er ihr, ganz langsam und mild, was niemand außer ihm wußte, – das – mit dem »blinden Passagier«. – – –

Das Feuer von Faro war längst außer Sicht. Das Schiff mußte ungefähr auf der Höhe von Cadiz sein.

Auf der Schaukel des Krieges

»Der Kommandant läßt Ihnen sagen, daß – bitte, zeigen Sie einmal. – Gut, gut! Der Puls ist zahmer geworden – daß er Sie nicht weiter mit maritimen Fragen belästigen würde. Er ehrt Ihre Verschwiegenheit, aber bittet Sie herzlich, ihm, wenn Sie sich wohler fühlen, ein Stündchen Gesellschaft zu leisten und Ihren Mund wenigstens eben so viel zu öffnen, wie notwendig ist, um einen ausgesuchten, neutralen Spaniolenwein durchzulassen.«

»Danke verbindlichst, aber ich bin abstinent.«

»Oh, Mr. Heinemann«, fuhr der englische Arzt fort, »warum so niedergeschlagen? Sie haben nicht kapituliert, Ihr Schiff bis zuletzt nicht verlassen. Es hat Sie verlassen, ist mit der Kriegsflagge an der Gaffel unter Ihren Füßen weggesackt. Wir zogen Sie als ohnmächtigen Schiffbrüchigen an Bord. Wir wollen Ihnen wohl. Es ist unser aufrichtiges Bestreben, Ihre Lage so angenehm als möglich zu gestalten. Sie haben in diesem Kriege als – verzeihen Sie – zweifellos sehr junger Offizier Hervorragendes geleistet und bleiben Ihrem Vaterlande auf ehrenvollste Weise für spätere Dienste erhalten. Freuen Sie sich also, daß Sie gerettet, und vergessen Sie, daß Sie gefangen sind. Ich ersuche Sie höflich, hinsichtlich Ihrer Bequemlichkeit wie auf Ihrem eigenen Schiffe zu befehlen.«

Der zwanzigjährige Führer und einzige Überlebende des torpedierten deutschen Vorpostenbootes erwies sich, obwohl erkenntlich, doch reichlich ungeschickt in der Konversation. Blasierten, fast kindisch ansprechenden Tones erkundigte er sich, ob seine Uniform schon trocken wäre, und äußerte im übrigen nur den einen Wunsch, sich an Deck aufhalten zu dürfen. Der Arzt wandte ein: das Fieber sei noch nicht völlig behoben, der Leutnant bedürfe vorläufig noch der Bettwärme, es wehe ein kalter Nordwest. Später, auf wiederholtes Bitten und nach reiflichem Bedenken, erlaubte man dem Gefangenen, für eine Stunde lang, in warme Decken eingehüllt, an Deck zu sitzen. Dazu wurde für ihn auf das Achterdeck ein weicher Klubsessel getragen, hinter welchem sich in geringer Entfernung ein Matrose aufpflanzte; zur Verfügung des Herrn Leutnants. Außerdem wurde ein zweiter Stuhl und ein weißgedeckter Tisch herbeigeschafft. Bald fand sich der Kommandant des Zerstörers ein. Liebenswürdig unterdrückte er die militärische Ehrenbezeigung des deutschen Offiziers und begann, diesem die Hand schüttelnd, sofort ein Gespräch über Schwimmwesten aus Guttapercha. Leutnant Heinemann beteiligte sich vorwiegend passiv daran. Meist pflichtete er nur den Ansichten des Engländers wortkarg bei und gab sein Lächeln hinzu, wenn dieser, ein imposant hoher und dicker Herr mit Glatze und rasiertem Kugelgesicht, einen Witz einflechtend, erschütternd lachte. Wenn er selbst redete, geschah es mit selbstbewußter Stimme und häufig wie geistesabwesend, konfus. Er schaute dabei auch unausgesetzt mit seinen hellen Augen in der Richtung der Fahrt über das Meer, das grün-grau sich kräuselte unter einem Regen versprechenden Himmel.

Der Kommandant des Zerstörers vermochte nicht ein spöttisches Lächeln zu unterdrücken, als der Deutsche anfangs einmal seine spähenden Blicke rückwärts wendete. »Wir sind schon weit davon weg«, bemerkte er. »Übrigens: es blieb nichts übrig; nicht einmal Kleinholz. Leider! Wir hätten gern etwas Näheres erfahren.«

Nun lächelte der Leutnant über die offenherzige Bemerkung, die wohl ungewollt entschlüpft war.

»Nehmen Sie es nicht übel, Herr Leutnant, aber es war doch eine kuriose Torheit, mit einem Fischdampfer drei Torpedobooten und einem Zerstörer gegenüber Widerstand zu leisten.«

»Solche Torheiten haben Englands Flotte schon empfindlich dezimiert«, näselte der Leutnant. Sein ungeprägtes, einfarbiges Gesicht leuchtete einen Moment auf, aber dann nahm es rasch einen Ausdruck von bekümmerter Unruhe an. »Warum halten

Sie immer noch nördlich? Warum bringen Sie mich nicht nach Westen ein?«

Der Engländer blinzelte schlau. »Sie wollen ja mir auch nicht sagen, was Sie veranlaßte, sich so weit ab von Ihrer Flotte in diese Gewässer zu wagen.«

»Aufklärung! Aufklärung! Wir riskieren etwas.«

Ein Steward baute eine Flasche Rotwein mit zwei Gläsern nebst Rauchutensilien auf den Tisch, und trotzdem Heinemann seinerseits entschieden ablehnte, ließ es sich doch der Kommandant nicht nehmen, beide Gläser eigenhändig zu füllen. »Nein«, sprach er, als der Steward sich entfernt hatte, »keine Aufklärung. Ich will es Ihnen auf den Kopf zu besser sagen: Sie hatten Minen an Bord. Nur bin ich mir nicht klar darüber, wo Sie dieselben warfen oder werfen wollten.«

»Sollte denn eine so kleine Mine, wie die meinige, Minen an Bord nehmen?« fragte der Leutnant zerstreut.

Der andere warf einen verdutzten Seitenblick auf das junge, bleiche Gesicht. Aber dem Deutschen entging das. Er stierte konstant an dem Engländer vorbei in eine wild verwirrte Flucht gewundener Qualmschwaden, die sich jetzt von den Schornsteinmündungen aus nach Backbord über das Meer wälzten.

Sekundenlang, immer wieder, trat hinter diesem Rauchvorhang die See mit einigen farbigen, verstreuten Bojen und einem fernen Streifen Land hervor.

»Ihre Minenverankerung taugt nichts«, begann der redselige Kommandant von neuem.

»Ich muß es, wie erwähnt, prinzipiell ablehnen, mich über Militärisches oder Politisches zu äußern.«

»Ganz recht! Ich vergaß. Sagen Sie –: spielen Sie Schach?«

Statt zu antworten, griff der Deutsche auf einmal hastig nach dem vollen Rotweinglas, rief laut: »Mein Kaiser Hurra! Hurra! Hurra!« und leerte es in einem Zuge, um es dann über Bord zu schleudern. Der Engländer war aufgesprungen. Sein Gesicht rötete sich zornig. Aber er schien sich zu besinnen und zu beherrschen und nahm wieder Platz. »Ihr angeborenes deutsches Taktgefühl«, bemerkte er sarkastisch, »wird Sie begreifen lassen, daß ich in diesen Toast nicht einstimme. Aber – hallo, was fehlt Ihnen? Mich deucht, Sie vertragen die Deckluft schlecht.« Der Leutnant war, wie man so sagt, kreideweiß geworden. Sein Mund bewegte sich, als ob er sprechen wollte und es nicht vermöchte. »Jetzt! Gleich!« stieß er endlich hervor.

Der Kommandant pfiff.

»Haben Sie Familie? eine Mutter?« frug ihn Heinemann erregt.

»Ja, ja. Beruhigen Sie sich doch, mein Lieber; es geht vorüber. – Führt den Herrn Leutnant in seine Kabine. Er hat einen Anfall bekommen.«

Aber der Deutsche wies mit einer Armbewegung

den Posten und den Steward zurück, die beide ihn wegführen sollten, und rief dem Kommandanten drängend zu: »Beten Sie! Beten Sie! Dort! Die Boje! Wir sind mitten im Minenfeld.«

»Minen?« fragte der Engländer unsicher lächelnd.

»Ja. Ich selbst habe sie geworfen. Beten Sie!« zischte der Deutsche.

»Achtung!« rief er dann plötzlich scharf und klar. Er stand kerzengerade aufgerichtet, die Linke aufs Herz gepreßt. Da hatte sein Gesicht in höchster Schwellung edler Gedanken und energischer Entschlossenheit einen schönen, verklärten Ausdruck. Seine Augen glänzten begeistert und sahen kühn einem roten Seezeichen entgegen, dem sich der Zerstörer näherte.

»Volldampf zurück! Exakt Kielwasser!« schrie der Kommandant aufspringend. Auch er starrte mannhaft fest, aber finster und kalt in die Boje.

Ein schneidender Schrei ertönte. Niemand hatte mehr Entsetzen dafür übrig, daß der Steward über Bord sprang.

Der Matrose hielt sich die Ohren zu, und er wie die beiden Offiziere blieben so für Sekunden … Sekunden … Sekunden regungslos, mit weit aufgerissenen Augen, während dicht an der Bordwand ganz langsam die rote Boje vorüberglitt.

Dann taumelte der Deutsche. »Vorbei!« hauchte er tonlos.

Der Kommandant hatte pantomimisch einen Befehl nach der Brücke gegeben. »Verdammter Hund!« brüllte er jetzt und riß einen Revolver hervor …

Das gab dem Leutnant die Kraft zurück. Er straffte sich wieder und sah dem Feinde blitzend ins Gesicht. Ein einziges Wort: »Deutsch!« sprach er stolz aus. »Verrechnet, Verräter«, knirschte der Engländer, seinen Revolver wieder bergend, und dann mit einem höhnischen, schadenfrohen Grinsen: »Warte! Warte! Ich werde – –«

Da schmetterte die Explosion.

Da blieb es nun abwartend auf dem Grunde des Meeres liegen, das Unterseeboot, und lächelte vor Sicherheit über die feindlichen, armierten Fischdampfer, die dreißig Meter darüber wütend nach ihm ausspähten.

Die Besatzung speiste, erstaunlich viel und erstaunlich gut, dann suchte ein Teil dieser gesundheitsprahlenden Menschen in Bänken, Spinden, in der Wand oder in der Luft ihre Schlafstätten auf. Die übrigen Seeleute, darunter der Kommandant, rückten beinahe familiär am einzigen Tische zusammen, und während ihre geringschätzigen Blicke vergeblich die alles überwuchernde, wunderbar wirre Maschinerie loszulassen trachteten, dachte gewiß jedermann leidend an den Tabak, der nicht geraucht werden durfte.

Darüber entstand der Wunsch, die Zeit irgendwie froh gemeinsam zu vertreiben. Schach? Nein. Skat? Der dritte Mann sägte bereits im Schlafe Tekholz oder so etwas. Heizer Karper schaffte das Grammophon herbei. Matrose Schreyer schleppte das Grammophon sofort wieder weg im stummen Beifall aller. Nur noch eine Platte war gebrauchsfähig, die kreiste täglich zehn- bis zwanzigmal. Man hatte an Bord keinen Respekt mehr vor dem Kammersänger Heinz Lebrun. Man pfiff oder trommelte mit Holzpantoffeln und Tischmessern zu seinem ewigen Liede: Wenn dir ein Mädchen recht gefällt, und sie hat einen andern, dann ist's am besten, in die Welt zu wandern. –

»Soll ich einmal mit euch die russischen Schlachtschiffe durchsprechen?« fragte der Kommandant. Doch dieser Vorschlag erfror und weiteren Vorschlägen erging es nicht besser, ob der Indolenz und einer frivolen Sucht der Mariner, jedwede Sache ins Lächerliche zu zerren. »Ich werde an meine Memeler Berta schreiben«, wandte sich Lüng an den leitenden Ingenieur, »wollen mir Herr Aspirant das nicht mal 'n bisken aufsetzen, von wegen das Göhr, und daß ich mit Felix Pillak losen will, wer der Vater ist?« Der Aspirant grinste. Hammerbruck gähnte. Karper schwankte in Gedanken faul, ob er das fleckige, in Segeltuch gebundene Heft hervorkramen sollte, worein er sich »Tetsches Hochtid«, »Die Negerbraut« und andere eindrucksvolle poetische Stücke gesammelt hatte.

Grössel, der neue Torpedermaat, den man noch nicht anders als einsilbig kannte, hatte sich auf der Steuerbordbank hintenüber gelehnt und die Augen geschlossen, schlief aber offenbar nicht, denn er kaute seiner Gewohnheit nach einen Stengel Vanille zwischen den Zähnen durch. Die andern am Tische machten sich aus Langerweile über ihn lustig. »Piter Grössel zieht seine Sargdeckelvisage.« »Er hat wieder zu tief in die Kömbuttel gepeilt«, spaßte der Olle. Auch unter Seeoffizieren ist es Brauch, sich dann und wann durch unkomplizierte Witzchen populär zu machen.

»Nee, ik glöve, he het's mit de Angst kregen«, krächzte Felix Pillak, »he is bang.« Und Hammerdruck spottete: »He drümt von Ruhm un Ehr und vom isernen Krüz.«

Schreyer fügte in anstrengendem Hochdeutsch und mit besonders schlauem Ausdruck hinzu: »Torpedermaat ist melangscholisch. He denkt an Seemansgrab oder hat Sehnsucht nach sin Fru.«

Solche Bemerkungen lohnte man regelmäßig durch ein tölpliges Gelächter, welches Grösseln feindseliger vorkam, als es war, welches immerhin aber nicht einer gewissen provozierenden Grausamkeit entbehrte.

Der Torpedermaat öffnete die Augen, und die Tischgesellen waren reichlich gespannt auf seine Entgegnung. Denn Grössel hatte ganz speziale Ansichten, so gewählte Ausdrücke und so, und wenn er redete, gab es wenigstens stets Neues zum Belachen. Nun ließ er seine Blicke zugespitzt durch die Runde marschieren und hub dann mit überraschender Ruhe an: »Ihr habt recht. Ich dachte an meine

Frau und sann melancholisch über Krieg und Angst und Ruhm und Schrecken nach, und ich habe vordem heimlich Rum getrunken, was ich oft tue, wenn mich die Furcht befällt, ich könnte jemals in unserer Seeinsamkeit so feinfühlig, klugdenkend und wahrheitsliebend werden, als ihr seid. – Laßt euch genauer erklären, was mich soeben beschäftigte; es ist die Geschichte, wie ich mit dem Kreuzer ...«

»Kennen wir!«

»Wissen wir längst! Wie ihr auf die Mine ranntet und du später bewußtlos durch ein V.-boot von einem Scheibenfloß aufgepickt wurdest.«

»Dat hest du all fofftein mal vertellt.«

»Nur das äußere Allgemeine. Doch dahinter steckt mehr, was ich euch gern mitteilen möchte, weil – – hm, wozu ein weil?«

»Na, dann lög mal too!« Die Seeleute am Tisch vereinbarten durch geheime Püffe und Augenzwinkern, die angekündigte, angeblich wahre Historie möglichst zur allgemeinen Belustigung auszubeuten.

»Als die Detonation erfolgte« – Grössel nahm die Vanille aus dem Munde und sah, Wort für Wort mit Überlegung berichtend, fortan über die Köpfe hinweg ins Leere – »befand ich mich mit einem Deckoffizier und dem Matrosen Leske im Zwischendeck an der Kantine ...«

»Er soff also mal wieder!« warf der Aspirant lachend ein.

»Leske, der – er tanzt – ich haßte Lesken. Ich kannte ihn bereits vor dem Kriege. Er hat meine Frau behext.

Er tanzte leidenschaftlich, und meine Frau verehrte den Tanz geradezu inbrünstig. Ich selbst goutiere diese Kunst nicht, weil ich ein ungeschickter Tänzer bin. Aber meiner Frau zu Gefallen führte ich ihr auf einem Vereinsball Herrn Leske zu, der gleich mir den Beruf eines Buchhändlers ausübte und mit dem ich als Kollege früher, allerdings mehr geschäftlich, zu tun gehabt hatte.

Ich schaute zu, als er und meine Frau tanzten. – Es war wie Meeresdünung, wie Möwenflug.

Hatte ich bisher geglaubt, der Tanz sei eitel Übermut und stimmte zur Lustigkeit, so beobachtete ich nun überrascht, daß meine Frau und ihr Partner in einem jener modernisierten exotischen Tänze aneinandergeschmiegt, in Haltung und Bewegung gleichsam einander ergänzend, fragend und antwortend, daß sie weder einmal lächelten, noch auch nur eine Silbe mitsammen redeten; daß vielmehr während dieses langwährenden Kreisens, vor dem sich alle anderen Paare wie bewundernd zurückgezogen hatten, ihre Augen mählich einen wunderlichen Glanz von Schwermut annahmen. Das war es wohl, was mich auf die närrische Idee brachte, sie mit zwei vom Strudel Ergriffenen, die treu umschlungen hinaus in die offene See gerissen werden, und mit einem ge-

storbenen Geschwisterpaar zu vergleichen, das ein
Engel auf Fittichen zum Himmel trägt …«

»He snackt as 'n Fiefgroschenroman«, unterbrach
Felix Pillack, und einige von den anderen stießen
ein Gelächter auf, welches der Kommandant jedoch
durch einen gutmütigen Wink abschnitt.

»Ich sah also den beiden Tanzenden zu, anfangs,
sie froh wähnend, mit Freude, später eigenartig ergriffen, aber, bei Gott, durchaus ohne Eifersucht.
Die war mir bis dahin fremd geblieben. Ich hatte
mit Elsen in einem unbefangenen, ich möchte sagen, durchsichtigen und uferlosen Glücke gelebt;
mehr innige Freunde als Gatten. An jenem Fest-
abend ging das entzwei. Felix möchte vielleicht nicht
mit Unrecht wieder behaupten, es vernehme sich wie
ein Groschenroman, wenn ich ausführen wollte, wie
meine Frau seitdem stiller, verschlossener und nach
und nach kränklich wurde, wie ihre verweinten Augen mich erschreckten und ich mir über die Ursache ihres uneingestandenen Kummers, die mögli-
cherweise anfangs noch ein unbewußtes Sehnen war,
Sorgen machte; wie ich umsonst alles aufbot, Elsen
zu beglücken, sie zu heilen, und wie häßlich, drük-
kend sich die Wochen hindehnten, bis ich heraus-
brachte, daß Leske, der Tänzer, es meiner Frau ange-
tan hatte, er, der keine zehn Worte mit ihr wechselte.
Sie bekannte es nie. Aber während wir einst einen
Schloßpark querten, brach sie in Schluchzen aus, da

sie, auf einen Busch Hortensien deutend, unvermittelt mir zurief: ›So marmorn vornehm bist du! Aber ich – –‹. Und ein andermal flüsterte sie im Schlafe deutlich vernehmbar den Namen Leske.

Lacht nicht! Die von euch selbst verheiratet sind, mögen sich vergegenwärtigen, welchen Reichtum an Jugendhoffnungen und Idealen, an wonnewilder Männerfreiheit und bunten, lebenstrunkenen Freundschaften wir hingaben, da wir heirateten, und wie eisig uns eines Tages die Erkenntnis anwehen muß, daß wir dieses Unersetzliche für einen Trug opferten.

Als mich solchermaßen jähe, frostige Klarheit überfiel und ich mir augenblicklich die Beobachtung rekonstruierte, Else habe mich seit langem lieblos behandelt, da mischte sich ein harter Groll in meine Liebe zu ihr. Es war, als blickte ich verwünschend und weinend vom abendlichen Ufer einem entschwindenden Segel nach, mit dem ein Seeräuber mein Liebstes entführte.

Ich fing an, diese Frau und unser Töchterlein mit Vorwürfen und Argwohn zu quälen. –

Sie ertrugen's stumm und geduldig; das reizte noch mehr.

Leske ist niemals unser Gast gewesen. Seitdem er auf jenes Fest hin mir eine einfache lobende Artigkeit betreffs der Tanzmeisterschaft meiner Frau geschrieben hatte, sah und hörte ich für Monate nichts mehr von ihm und mied ihn. Heute meine ich, daß er, von seiner Tanzbegeisterung abgesehen, weiter kein Interesse an meiner Gattin nahm. Damals, durchs Prisma der Eifersucht, sah ich anders. Als dann der Krieg mich von Weib und Kind trennte und zufällig zum Vorgesetzten meines vermeintlichen Rivalen machte, da ließ ich einen rohen Haß auf diesen Mann los, indem ich, die mir zu Gebote stehende Macht ausnutzend, ihn schikanierte, drangsalierte, wo immer sich Gelegenheit bot. Oft drohte es meinen Verstand zu zerstören, daß auch dieser Matrose meine Verfolgungen ohne Widerspruch hinnahm, ja, sie gar nicht zu erfassen schien. Derweilen, und bis heute, führte ich mit meiner Frau eine nicht zu umgehende, erquält gefällige, schleppende Korrespondenz. Und doch liebe ich diese Frau. Wie ich sie liebe! – – Ei, wohin gerate ich? – Nun lacht! – Lacht doch! –

Leske konnte so lachen. Immerzu lachen, und singen und tanzen. Ach, wie haßte ich diesen kritik- und gehaltslosen Frohsinn an ihm und den meisten anderen Leuten.

Leske war nie verdrossen. Er wartete, wenn wir einliefen, stets als Erster zur Urlaubsmusterung angetreten, ein schneidig angezogener, sehniger, hoher Bursche, dem ein unbezwingbares Verlangen nach den billigen Landvergnügen der Matrosen aus den Augen blitzte. Dabei doch jederzeit ein eifriger Soldat, ein flinker Seemann. – Hm.

In einer stillen Stunde, am Tage, da wir die englischen Häfen beschossen hatten, – ja, ein winziges Insekt, eine Fliege war es, die meinen Gedankengang zur Reue lenkte, – sah ich meine Ungerechtigkeit ein, bekannte ich vor meinem Gewissen, daß die ausfüllende Freude an den anspruchslosesten Amüsements mich nur deshalb ärgerte, weil ich den Weg zu ihr nicht fand, weil ich Lesken samt seinen Gleichgesinnten darum beneidete. Ich hatte mich in der Zeit vorangeträumt und angenommen, Leske sei in einem Gefecht gefallen. Da dünkte mir auf einmal, sein leichter Frohmut habe etwas kindlich Rührendes, fast Heiliges gehabt.

So tappen wir in den engen Straßen der Stadt an manchem schönen Haus neunundneunzigmal achtlos vorüber, bis wir beim hundertsten Male vom rechten Abstand aus unvermutet gebannt seine Reize erschauen.

Also von da an behandelte ich den Matrosen mit Herzlichkeit. Er nahm solches Wohlwollen mit demselben höflichen Gleichmut auf wie bisher meine Feindseligkeit. – Kurze Zeit nachdem zwang Nebel unser Schiff, abends dicht vorm Hafen noch zu ankern. Ich trat im Zwischendeck an die Kantine heran, um Zwirn zu kaufen, im Wahrsten, um Lesken, der dort im blauen Urlaubsstaat pfeifend auf und ab lief, ein Freundliches zu sagen. Bevor ich jedoch noch hierzu kam, stürzte ein Deckoffizier heran, forderte aufgeräumter Laune einen »Polargestimmten« und rief dem Matrosen zu: »Na, Glückwunsch, Leske! Ihre Paradebüchs hat's Wetter umgestimmt. Die Luft klart sich, wir lichten Anker.«

Leske antwortete nur mit einem glückseligen Wiegen des Oberkörpers, das ein unbeschreibliches, wehes Gefühl in meiner Brust bewirkte. –

Tanz. –

Ich habe das nicht vergessen trotz der folgenden gewaltigen Ereignisse. Denn unmittelbar danach geschah die Explosion. Ein gräßlicher Schlag, ein minutenlanges schauriges Prasseln, Splittern, Krachen und Rauschen.

Sämtliche Lampen waren auf eins verloschen. Der Boden entglitt meinen Füßen, ich bekam in der Finsternis einen Stützen zu fassen, hatte den blitzartigen Gedanken, es sei merkwürdig, daß ein großer Kreuzer auf See genau so umkippe wie ein Spielzeugschiff auf dem Kindertisch. Darauf wurde ich von eisiger Flut eingehüllt, erinnerte mich konzentriert einer Deckschiene, die zum Aufgang des Zwischenraums leiten mußte, ertastete diese Schiene, enterte mich in höchster Anstrengung und Angst, ohne zu atmen, daran entlang – und auf einmal stieg ich, erreichte die Luft. Die göttliche Luft.

Es war auch hohe Zeit, denn schon begann es in den Schläfen zu hämmern. Nun schwamm ich, geradezu, immer geradezu, vor mir und zu beiden

Seiten Nebel und Wasser in einer erbarmungslosen Färbung vermengt. Darin rudernde Arme, rote, keuchende, schreiende Gesichter. Bis ich des Floßes mit der Pängscheibe ansichtig wurde, welches wir für Schießübungen an Bord geführt hatten. An dem eisernen Bügel zog ich mich hinauf. Am anderen Ende hing schon jemand festgekrallt; es mußte der Decksläufer sein, denn er war mit dem Seitengewehr umgürtet. Das bemerkte ich sofort, obwohl ich Mühe hatte, mich selbst auf dem Gebälk zu balancieren, das durch meine Last sich bedenklich unter die Wasserfläche drückte. Meine Sinnenkraft schien verzehnfacht, ich vermochte gleichzeitig nach verschiedenen Richtungen hin die geringsten Einzelheiten wahrzunehmen.

Wir, das heißt: das Floß und im eng vom Nebel begrenzten Umkreise mehrere Schwimmer, die auf uns zustrebten, wurden von der Strömung langsam davongetragen; zu meinem Schrecken ließen wir ein Geräusch von Ruderschlägen und Kommandostimmen hinter uns zurück.

Der Läufer und ich: wir sprachen uns nicht an, unser Atem war noch zu aufgebracht. Wir hingen an dem Bügel und verfolgten kalten Auges das Schicksal der Menschen im Wasser, die sich auf uns zuarbeiteten, würdelose, krasse Selbstsucht in den Mienen und mit käferhafter Brutalität, wenn sie zusammengerieten. Nun griff der vorderste von ihnen nach dem Floß, und dieses sank mit uns rasch unter. Aber wir tauchten wieder empor, der Läufer und ich noch am Bügel. Der Dritte hatte losgelassen, schwamm neben uns her und versuchte von neuem, die Pängscheibe zu erreichen. Ich wollte abwehren. Das Floß trüge uns drei nicht. Ich blieb vor Kälte stumm und regungslos. –

Könnte ich das angstvolle Gesicht vergessen und die verzweifelte, violette Hand, die nach dem Bügel haschte.

Sie faßte ihn. Aber der Läufer riß im Nu sein Seitengewehr heraus und tat einen entsetzlichen Hieb.

Danach war der dritte Mann nicht mehr da. Seine gekrümmte Hand jedoch, mit blutigem Gelenkstumpf, hing noch mehrere Augenblicke lang am Bügel, bis sie als ein kraftloser Gegenstand herabfiel.

Mittlerweile hatte sich die Zahl der um uns herum im Wasser ringenden Seeleute vermindert; die Strömung oder Kopflosigkeit hatten sie zerstreut, viele mochten erschöpft in die Tiefe gegangen sein, andere verbarg die dicke Luft. Aber während wir mit dem sich sanft um seine Achse drehenden Floß stetig weiterschlichen, zeigten sich neue Bilder des Unglücks und verloren sich wieder im grauen Dunst.

Da trieb ein Hund; er hatte an Bord dem Oberfeuerwerker gehört und uns oft zur Kurzweil gedient. Dieses Tier und ein Leutnant schwammen einander entgegen, ganz nahe von uns, so daß mir deutlich der Ausdruck in beider Augen auffiel: der Leutnant in einer fast tierischen Gier etwas zu packen, was ihn über Wasser hielte, der Hund mit einer herzergreifenden, flehenden Hilflosigkeit. Welche Szenen! Da ruderte der Lotse, der dicke, dreiste Kannebier. Plötzlich hob er die Arme, schrie mit durchdringender Stimme: »Jesus Maria, meine arme Frau!« und sackte ab.

Für das alles hatte ich Augen, ich, der ich fror, schrecklich fror, mit den Zähnen klapperte und nicht wußte, wo wir hinsteuerten, – für mich nur den instinktiven Vorsatz: Halte fest und rühre dich nicht! –

Der Läufer drehte mir den Rücken zu. Noch immer hatten wir kein Wort gesprochen. Es grauste mir vor dem Manne, der den Arm durchschlagen hatte. Er schwang noch die blanke Waffe in der Rechten. ›Laß uns laut schreien‹, rief ich ihn endlich an. Er wandte sich um.

Schauerlich! Offenbar hatte ihn der Wahnsinn befallen. Seine Augen waren herausgequollen, das Gesicht grünlich, und aus seinen Mundwinkeln floß dicker, ekelhafter Schaum.

Er entgegnete, nicht laut, aber in einem unerhört grauenhaften Tone: »Wenn du schreist, stech ich dir das Hirn aus, Brüderchen.« –

Ich war bereits gelähmt von der eisigen Kälte. Ich wollte einen Plan bauen für den Fall, daß mich der

Wahnsinnige angriffe, aber meine eigenen Gedanken brachen auseinander.

Dann oder viel später kam für kurze Frist ein Toter in unseren Sichtbann, ein alter, weißhaariger Heizer, der mit angezogenen Armen und Beinen, mit offenen, glasigen Augen erstarrt auf dem Rücken dahintrieb. Sein Trauring glänzte. – Vielleicht habe ich später zeitweilig das Bewußtsein verloren; ich erzählte euch bereits, daß ich viele Stunden auf dem Floß zugebracht haben muß. Jedenfalls erwachte nach einem apathischen Zustande mein Erkennungsvermögen plötzlich, da ich mich bei klarem Wetter auf weiter, von einer kräftigen Brise gewellten See befand und nicht ohne Genugtuung den Läufer vermißte. Das Floß, dessen Metallstange ich noch immer krampfhaft umklammert hielt, schaukelte lebhaft im Seegang, und in seinem Kielwasser gewahrte ich etwas Neues, etwas Gräßliches; einen toten Matrosen – Lesken. Ohne Zweifel war es Leske. Er hatte einen anderen Mann umschlungen, und in dem erkannte ich jenen weißhaarigen Alten wieder. Er lag über diesem Leichnam und unter ihm, sie drehten sich beide Brust an Brust in der wogenden Strömung umeinander. Auch Leske tot und steif, aber mit geschlossenen Lidern und die Arme wie im Tanze um den anderen Ertrunkenen verschränkt. Sie drehten sich – sie tanzten. Tanzten immerzu. Ich wendete mich ab, sah ein Boot und fiel wohl dann in Ohnmacht ...«

Der Sprecher pausierte und ließ wieder seinen festen, ruhevollen Blick kreisen. Einige der Zuhörer ertrugen diesen, andere senkten den Kopf. »Mir hat«, fuhr Grössel fort, »kürzlich ein Straßenmädel die Karte gelegt, eine fremde, aufgelesene Dirne, die nichts über meine Verhältnisse wissen konnte, ich trage auch keinen Ring; die prophezeite mir unter anderem, ich würde meine Frau nicht wiedersehen. – Nun …«

Grössel sprach nicht weiter. Die Gesellschaft schwieg ernst, und weil sich eine gewisse Verlegenheit anmeldete, stand der Torpedermaat auf, zog das Grammophon hervor und stellte es an.

Heinz Lebrun sang mit weicher, reiner Stimme:

> … Wenn dir ein Mädchen recht gefällt,
> Und sie hat einen andern,
> Dann ist's am besten,
> Aus der Welt zu wandern. –

Bis das Lied ausklang, und darüber hinaus, bewahrten die lauschenden Seeleute eine aufrichtige, andächtige Stille – – dort unten, in dem Boote, dreißig Meter unter dem Meeresspiegel.

Die wilde Miß vom Ohio

Ich rede von einem jener gott- und menschenverlassenen Eisenbahnpunkte, wo normale Fremde den Verstand verlieren, wenn sie nicht Schlafvirtuosen sind oder ein dichterisches Verständnis für die Poesie der Öde haben. –

Als ich die Tür zur Wartehalle klinkte, flehte ich irgendeine überirdische Macht an, mich nicht in eine Gesellschaft zu lancieren, die über Bierqualitäten, Zufälle im Lotteriespiele oder innere Politik polemisierte.

Es war jedoch nur ein einziger Gast anwesend, eine stattliche Baron-Offizier-Lebemannerscheinung, die mir gleich durch eine kurze Kopfbewegung zu verstehen gab, daß ich mich zu den unsichtbaren Geistern zählen dürfe. Das war ganz nach meinem Sinn, und ich drückte mich selbst in den entferntesten Winkel, gleichfalls ein deutliches *Noli me tangere* in meine Züge legend.

Der Herr »Ober« bemühte sich, meine schlechte Stimmung auf den nervösesten Punkt zu schrauben, durch allerhand Schikanen, die ich in vier Humoresken und einer Tragödie zu verwenden gedenke. Dann allmählich schlief er am Zeitungsständer ein.

Und nun war es still in der leeren Halle. Nur ein melancholischer Landregen nässelte an den Fensterscheiben.

Der Baronartige starrte regungslos auf eine Flasche Burgunder. Ich hatte das Gefühl, daß ich ohne seine Gegenwart ein stimmungsvolles Gedicht verfassen könnte. Die Hände vor die Augen pressend, um ihn nicht mehr zu sehen, gewahrte ich durch die Fingerspalten, daß er energische und eigentlich mehr zielbewußte als blasierte Gesichtslinien hatte, daß eine breite Narbe an seiner Schläfe nicht übel wirkte und daß er einen pompösen, exotischen Ring trug.

Die Einsamkeit ist die Treppe zum Gedankenkeller. Sie ist selbstverständlich wertlos für denjenigen, der unten nichts auf Lager hat. Wer aber sein Fäßchen oder gar Fässer, Tonnen dort liegen weiß – meistens die, welche oben nur wenig verzapfen – dem fällt es nicht schwer, die Stunden in dieser erfrischend kühlen Tiefe totzuschlagen.

Auch ich wollte mein Fläschchen Spiritus heraufholen, um damit den eingeborenen Zeltinger zu veredeln, den mir das Bahnhofsrestaurant zu Kriegspreisen aufgetischt hatte.

Der Baron war wirklich im Grunde ein recht sympathischer Mann. Er schien ebenfalls trübseliger Laune zu sein und saß noch immer wie ich über sein Glas gebeugt – Zigarrenrauch und Asche studierend.

Da öffnete sich die Türe. Ein älterer, wettergebräunter Dritter im Jagdkostüm blieb auf der Schwelle stehen.

Der Baron bemerkte ihm sofort durch eine kurze Kopfbewegung, daß er sich zu den unsichtbaren Geistern zählen dürfe, und ich legte ein deutliches *Noli me tangere* in meine Züge. Der Jäger aber bediente sich einer noch überlegeneren Sprache. Er sah sich weder nach dem Baron noch nach mir um, sondern placierte sich mit geometrischer Geschicklichkeit so, daß er uns beiden gleichzeitig den Rücken zudrehte. Die schikanöse Einleitung des Kellners kürzte er dadurch ab, daß er ihn sehr bald mit Kamel anredete.

Ich fühlte mein Dichtermilieu durch einen struppigen Bart, verwegen rollende Augen und eine lokomotivierende Meerschaumpfeife erheblich gestört.

Erst als der wilde Mann mit einem Glas heißer Milch gestillt war und das dienstbare Kamel sei Journal-Ecke wieder eingenommen, trat de *tus quo* ein. Dieses Verhältnis nahm mit d ei nen ganz friedlichen Charakter an. F s hätten wir ein stilles Abkommen getr nander rücksichtsvoll zu ig

gann wie in einer Anwandlung von Mitleid geheimnisvoll zu knistern. In tiefes Sinnen versunken, rührten wir uns nicht. Nur wenn der Kellner seine Beinstellung wechselte, hoben sich für einen Moment drei müde Häupter. Dann war alles tot.

An was denkt man in solcher Situation wohl? – – –

Das wird immer individuell sein. Ich z. B. dachte – – ach nein, das ist ganz gleichgültig.

Jedenfalls wurde die Ruhe plötzlich unterbrochen. Es war die seltsame Melodie eines mir unbekannten Liedes, halblaut durch die Zähne gesummt. Ich warf dem Jäger einen vorwurfsvollen Blick zu und beobachtete dann, wie der Baron sich verhielt.

Er hatte gleich mir den Kopf erhoben und außerdem eine Zeitung ergriffen, aber ich bemerkte, daß er hinter derselben neugierig den Jäger fixierte. Gleich darauf legte er das Blatt beiseite, leerte sein Glas mit einem nervösen Schluck, trommelte mit den Fingern auf das Tischtuch und stimmte leise pfeifend in das Lied, dasselbe Lied ein.

Nun sah auch der wilde Mann auf und schwieg. Der Baron schwieg gleichfalls. Es kam mir vor, als sei ein kleines Vorpostengefecht beendet.

Plötzlich erhob sich der Burgunderherr, trat mit ungezwungen vornehmer Haltung an den Jäger heran und sagte: »Mein Herr, erlauben Sie mir die Frage: Waren Sie je am Ohio?«

»Ja«, erwiderte der andere erstaunt.

»Und Sie kennen die wilde Miß vom Ohio?«

»*The wild Miß?* – – –« Etwas wie ein wehmütigglückliches Lächeln fuhr über das harte Jägergesicht. Er hielt dem Frager seine kräftige Rechte hin, und dann gab's einen Handschlag, den ich im Leben nicht wieder vergessen werde. Und nun rückten die beiden zusammen, und der Kellner wurde aus seinem Presseschlummer gejagt, um Sekt und Zigarren zu bringen, und dann begannen die beiden zu fragen und zu erzählen, und dazwischen stießen sie so feurig die Gläser zusammen, daß der Kellner jedesmal zusammenfuhr.

Ich verstand kein Wort weiter von dem, was da besprochen wurde, aber ich glaubte den Inhalt zu erraten, und das Herz ward mir dabei weit, als sei ich berauscht.

Es mußte eine köstliche, interessante Erzählung sein – aus dem Leben dieser Männer, und das Lied, woran sich beide erkannt hatten, sowie die wilde Miß vom Ohio mußten irgendeine romantische Rolle darin spielen. Leidenschaftliche, gefährlichschöne, vielleicht teilweise sehr traurige Erlebnisse.

Ich sah ein einsames Licht aus dem nachtdunklen Ufergebüsch des Ohio blinken. Die wilde Miß stand vor mir, eine herrliche, heißblütige Kreolin mit tief schwarzen, verführerischen Augen, und ich wob einen spannenden und ergreifenden Roman um sie. – –

Die Augen der Erzähler leuchteten begeistert, ihr Sekt schäumte, und der Zigarrenrauch umlagerte sie, wie Nebelwolken, den kühlen, schwarzen Fluten des Ohio entstiegen. Ich aber saß einsam in meiner Ecke und spürte eine so gewaltige Sehnsucht danach, auch

Anteil an diesen bewegten Erinnerungen zu haben und hinzugehen, um zu sagen: Meine Herren, auch ich kenne das Lied, den Ohio und die wilde Miß. Darf ich mich zu euch setzen?

Glückliche, beneidenswerte Weltmenschen! –

Noch nie hatte ich ein Alleinsein so bitter empfunden wie in dieser Stunde. Ich faßte den Entschluß, mir auch ohne Belege als Zuhörer einen Platz bei den beiden zu erbitten.

Da pfiff etwas. Ein Zischen – ein Rollen – der Zug lief ein – –

Ich habe weder den Jäger noch den Baron wiedergesehen. Die Geschichte der wilden Miß vom Ohio habe ich nie erfahren, aber wenn ich mich ihres Titels erinnere, habe ich eine häßliche, drückende Empfindung.

Es ist das Gefühl des Unbefriedigtseins. Etwa wie wenn man während einer spannenden Lektüre nach der weggelegten Zigarre greift und plötzlich merkt, daß diese auf unerklärliche Weise abhanden gekommen – –

Nein, es ist ein ganz anderes, viel tieferes, trüberes Gefühl.

Vom andern aus lerne die Welt begreifen
Ein Märchen

Emanuel Assup war durch Fleiß, Einsicht und Treue ein wohlhabender Gutsbesitzer geworden. Sein einziges Kind, ein stiller Junge, hieß Schelich. Der hatte das Abitur bestanden. Nun sollte er einen Beruf ergreifen. Er äußerte, befragt, etwas unsicher: »Seemann«. Der Vater redete ihm das aus. Das Marineleben sei ein hartes und gefährliches. Schelich könnte mit seiner guten Schulbildung auf anderen Gebieten festeres Glück erreichen. Emanuel Assup führte das sehr sachlich und herzlich aus. Und er ließ dem Sohn danach Zeit, sich in Ruhe auf etwas anderes zu besinnen.

Schelich ging spazieren. Durch den Garten, ans Meer, am Strand entlang, durch den Wald und über die Felder. Er fütterte die Vögel und die Fische und sein Lieblingstier: eine Riesenschildkröte, die ihm der Vater zum Geburtstag geschenkt hatte. Für das Tier war im Garten ein zehn Quadratmeter großes Gehege mit einem Bretterzaun abgegrenzt.

Nach mehreren Wochen erkundigte sich Herr Assup bei seinem Sohn: »Bist du schon mit dir selber einig darüber, was du werden willst?«

»Ich möchte Flieger werden. «

»Nein, mein Junge, das gebe ich nicht zu. Der Fliegerberuf ist ein wagehalsiger, und sein Ruhm befriedigt auf die Dauer keinen geistig begabten Menschen. Überlege dir etwas Besseres. Ich lasse dir Zeit zum Nachdenken, so lange du willst. Aber ich warne dich vor dem Müßiggang. Werde nicht faul, wie es zum Beispiel diese Schildkröte ist, die tagelang auf ein und demselben Fleck liegt und noch nichts geleistet hat.«

Der Sohn antwortete schüchtern: »Ist sie nicht dennoch ein großes Tier geworden?!«

Da wandte sich der Vater lächelnd ab.

Schelich ging zur Schildkröte und fragte sie: »Bist du glücklich?« Aber sie gab keine Antwort, sondern zog sich in ihr Gehäuse zurück.

Schelich fragte die Vögel: »Seid ihr glücklich?«

»Ja! Ja! Weit über die höchsten Türme, Wipfel und Gipfel, durch die lichten und wechselnden Wolken zu jagen, gegen Winde zu steigen; von Winden getragen, sich schwebend zu halten; aus steilen Höhen sich fallen zu lassen, um kurz vor dem Aufprall die fangenden Schwingen zu entfalten und frei zu singen, – – das ist wunderschön!«

Da wurde Schelich sehr traurig. Ohne sich jemandem anzuvertrauen, verließ er eines Morgens das Haus seines Vaters und wanderte davon. Als er nach zwei Tagen den höchsten Punkt eines hohen Berges erreicht hatte, stürzte er sich von einer steilen Felswand hinab. Zweifellos wäre er in der Tiefe zerschmettert, wenn ihn nicht ein großer Vogel mit seinen Flügeln aufgefangen hätte. Der trug ihn nun Meilen und Meilen weit über Länder und Meere durch die Lüfte.

»Fliegen ist schön!« sagte Schelich.

»Ja, fliegen ist schön, aber man muß es erlernen und verstehen.« Und der Vogel setzte den jungen Mann in einer fernen, großen Stadt ab und entflog.

Schelich fühlte sich frohen Mutes und unternehmungslustig. Er suchte und fand eine Stellung bei einer Fliegereigesellschaft und wurde im Laufe einiger Jahre ein geschätzter Luftpilot. Obwohl er zweimal mit seinem Flugzeug abstürzte, kam er doch mit dem Leben davon und blieb gesund. Aber seinem Vater sandte er nicht das geringste Lebenszeichen. Er wollte ihn erst dann benachrichtigen, wenn er einmal durch eigene Kraft ein Vermögen erworben hätte. Das gelang ihm nicht. Er ward des Fliegerlebens überdrüssig, und seine Sehnsucht nach dem Vater wuchs und wurde so mächtig, daß er eines Tages heimkehrte.

Vater und Sohn fielen einander in die Arme. Sie weinten vor Rührung und Dankbarkeit. Dennoch sprach Schelich kein Wort über das, was er erlebt hatte. Und der Vater fragte mit keinem Worte danach, sondern verzieh schweigend. Aber Schelich war ganz erschrocken darüber, wie sehr der Vater inzwischen gealtert war.

Und Schelich wurde noch ernster und nachdenklicher. Er eilte zur Schildkröte, fand sie am alten Platze und fragte: »Wie geht es dir? Bist du glücklich?«

Sie gab keine Antwort, sondern zog sich in ihr Gehäuse zurück.

Schelich entfernte den Bretterzaun, der sie gefangen hielt. Der alte Assup kam zufällig hinzu und sagte erstaunt und nicht ohne Vorwurf: »Warum zerstörst du, was ich errichtet habe!«

Wieder lebte Schelich wie zuvor. Er ging spazieren und fütterte die Tiere. Einmal betrat er das Arbeitszimmer des Vaters und teilte diesem ruhig mit, daß die Schildkröte entflohen wäre. Assup senior erregte sich sehr. Er wollte sofort seinen Jäger und ein paar Knechte veranlassen, die Verfolgung aufzunehmen. Schelich beruhigte ihn: »Es ist nicht nötig, Vater. Ich habe die Schildkröte bereits aufgespürt. Sie liegt drei Fuß weit von der ehemaligen Zaungrenze entfernt.«

Vater Assup lachte und klopfte dem Sohn freundlich auf die Schulter. Plötzlich wurde er wieder ernst und sagte, sich abwendend, leise: »Man kommt nicht weit, wenn man sich heimlich entfernt.«

Schelich fragte die Fische: »Seid ihr glücklich?«

»Ja! Ja! Sich von den kühlen Fluten so gütig weich allseitig umspülen, sich treiben zu lassen und tief zu tauchen in dunkles Reich, wo Wunder blinken; ohne zu ertrinken, durch hohe Wellen, durch Strudel und zischende Böen zu reisen, sich vorwärts zu schnellen; das Fließen von Kühlung zu genießen, – – ach, das ist wunderschön!«

Da wurde Schelich noch trauriger. Er ruderte heimlich mit einem Boot hinaus in die hohe See und sprang dort über Bord, um sich zu ertränken.

Wäre auch ertrunken, weil er nicht schwimmen konnte. Aber wie er so tiefer und tiefer absackte, fuhr ihm auf einmal ein großer Fisch zwischen die Beine. Der trug auf seinem Rücken ihn zur Wasseroberfläche empor. Und dann auf weiter Reise davon, nach einem fernen Lande. Dort setzte er ihn in seichtem Strandwasser nahe einer Hafenstadt ab.

»Ach, schwimmen und reisen ist schön!«

»Ja, aber es will erlernt sein.« Mit diesen Worten entschwand der Fisch.

Schelich watete ans Ufer. Er war voller Energie und Hoffnung. Es glückte ihm bald, sich auf einem Segelschoner als Schiffsjunge zu verdingen. So fuhr er zur See nach entlegenen Küsten und wurde ein guter Seemann. Aber wiederum sandte er keinerlei Nachricht nach Hause, obwohl er diesmal noch stärkere Sehnsucht nach dem Vater empfand als damals in seiner Pilotenzeit. Er wollte so lange als verschollen gelten und nur fleißig arbeiten, bis er dem Vater eines Tages als Kapitän gegenübertreten könnte. An diesem Entschluß hielt er fest. Manchmal meinte er, vor Sehnsucht umkommen zu müssen. Auch bereitete ihm sein Beruf auf die Dauer keine Befriedigung mehr. Doch Schelich avancierte rasch, wurde Leichtmatrose, Matrose, dann Bootsmann, dann Steuermann.

An dem Tage, da er sein Kapitänspatent erhielt, ließ sich ihm ein Knecht aus seiner Heimat melden. Der hatte sich auch entschlossen, Seemann zu werden, und er brachte Schelich nun die Nachricht, daß Emanuel Assup vor einem halben Jahre gestorben wäre.

Da kam ein schweres Schmerzgefühl über den Sohn. Er reiste, so schnell er vermochte, heim.

Am Grabe des Vaters fiel er nieder und schluchzte bitterlich. Dann trieb es ihn zu der Schildkröte. Auch sie war tot. Ihr Gehäuse mit den verwitterten Resten lag noch am alten Platz. Schelich bettete die Tierleiche in die Erde ein, neben dem Grabe des alten Assup.

Schelich irrte verzweifelt umher, fragte die Vögel und Fische, warum sie glücklich wären und warum er nicht glücklich wäre. Doch die Vögel und die Fische antworteten ihm nicht mehr.

So machte er sich, unendlich einsam, daran, den Nachlaß seines Vaters zu ordnen. Im Schreibtisch entdeckte er ein schlichtes Notizheft. Dahinein hatte der alte Herr noch mit zittriger Hand geschrieben:

Es sind die harten Freunde, die uns schleifen.
Sogar dem Unrecht lege Fragen vor.
Wer nimmer fragt, merkt nicht, was er verlor.
Vom andern aus lerne die Welt begreifen.

Die Krokusgeheimnisse oder die Prinzipien

»– und ich wiederhole: Wer mein Schwiegersohn werden will, muß zuvor zehn Mille bei mir deponieren; zehntausend Rückenmark, wie ich das nenne.«

»Woher soll ich die nehmen?« fragte Max Timber bitter. »Sie wissen doch, was ich als Gärtnergehilfe verdiene.«

»Es ließe sich damit sparen. Aber Sie sparen nicht, sondern Sie spekulieren damit.«

»Aber doch redlich! Mit meinem Geld! Auf eigene Gefahr!« rief Herr Timber und erregte sich.

»Durchaus redlich. Aber ich hege das Prinzip: erst Verdientes sparen und sichern, dann neu verdienen und damit riskieren. Nur damit!«

»Ich«, sagte Timber bescheiden, doch sehr sicher, »ich bin der Meinung: Wir Anfänger sollen Verdientes riskieren und wieder riskieren, bis wir einmal mit Gewonnenem gründen, und dann sollen wir anfangen zu sparen und zu sichern.«

»Nun, das ist auch ein Prinzip.« Herr Heimsick nickte vor sich hin, dann streichelte er zweimal ein Knie des jungen Mannes und holte so aus: »Meine Eva ist ein reines, unberührtes und ehrliches Mädchen. Ihr künftiger Mann soll ein redlicher und tüchtiger Kerl sein. Wenn er zudem noch, wie Sie, lieber Timbermax, beruflich in mein Fach schlüge, daß er in meine Firma einträte, um sie nach meinem Abkratzen einmal ganz zu übernehmen – – C. F. Heimsick Nachf. – Sämereien *en détail* – eventuell sogar – – Inhaber Max Timber – dann – – Aber Rückenmark! Rückenmark muß er haben! Bringen Sie mir eines Tages das – die Rückenmark, erworben nach meinem Prinzip oder nach Ihrem Prinzip. Bis dahin bleibt zwischen uns dreien selbstverständlich und hoffentlich – ich bitte Sie, unseren vertrauten Hausfreund, darum – alles beim alten.«

Max brachte traurig das Resultat seiner Werbung zu Eva. Evchen seufzte und machte ein trauriges Gesicht, aber beide sprachen nicht weiter darüber, denn sie waren nicht geschwätzig.

Im übrigen blieb alles beim alten. Max fand sich täglich bei Heimsicks zum Abendbrot ein. Er berichtete über sein Tagewerk oder schwärmte von seinen privaten Versuchen und Plänen – – Trüffelzucht in Sachsen – – Marienkäferzucht an Rhein und Mosel – – Kreuzung von Baum- und Gemüsekulturen – usw. in weitem Bogen. Evchen folgte dem mit teilnahmsvollem Gesicht, und der Vater hörte glücklich heiter mit sichtlichem Interesse zu. Mittwochs und freitags begleitete Herr Timber dann das Mädchen um neun Uhr noch zur Klavierstunde. Es war zwar eine recht unschicklich späte Stunde, aber Herr

Marsalino hatte keine andere frei, und man konnte sich glücklich preisen und geehrt fühlen, bei dem berühmten und allbegehrten italienischen Meister überhaupt aufgenommen zu sein. Jedoch auch wenn Max sie um zehn Uhr von dort wieder abholte und ehrsam schnurstracks heimbrachte, war Evchen nicht zu bewegen, seinen Arm anzunehmen. Sie lehnte das prinzipiell ab. Max war auch schon glücklich darüber, neben ihr herschreiten zu dürfen, und wenn er zwischen dem wenigen, was sie unterwegs sprachen, einmal sie anblickte, dann sah er in ein glückliches Gesicht. Am Ende des Gartens nahmen sie herzlich Abschied, und wenn Eva gegangen war, trat Max in einen Winkel zwischen Mauer und Laube, der so dunkel war, daß man die hintere Hausfront beobachten konnte, ohne selbst bemerkt zu werden. Dort wartete er noch, bis im Parterre in Evchens Schlafzimmer Licht aufging und bis dann zwei Minuten später im ersten Stock in Herrn Heimsicks Schlafzimmer Licht aufging.

Eines Nachts wollte dieses zweite Licht nicht aufgehen, obwohl Evchens Lampe schon seit einer Viertelstunde verloschen war. Dagegen geschah etwas noch nie Dagewesenes. Aus der Haustür trat Herr Heimsick, ging, vielmehr schlich sich am Haus, sodann ein Stück an den Pappeln entlang und schritt dann lautlos geradenwegs auf die Laube zu. Max fand knapp noch Zeit, sich ein paar Schritte zurück hinter ein Gebüsch zu retten. Vater Heimsick blieb genau an der Stelle stehen, wo Timber gestanden hatte, nach allen Seiten ausschauend und lauschend fegte er mit dem Fuß behutsam den Unrat beiseite, der sich in dem vernachlässigten Winkel angesammelt hatte. Unterm Mantel hielt Herr Heimsick mit der linken Hand offenbar etwas verborgen. Jetzt zog er mit der anderen Hand etwas Blitzendes aus der Tasche, kauerte sich nieder und begann ein Loch in den Boden zu schaufeln. Dahinein legte er endlich bedächtig einen Gegenstand, deckte ihn wieder mit Erde und die Erde wieder mit Unrat zu, lauschte nochmals nach allen Seiten und schlich, wie er gekommen, wieder ins Haus zurück.

Nach kurzem Kampfe mit seiner Neugier und seinem Gewissen brachte es Timber über sich, den Gegenstand auszugraben und heimzutragen; doch nicht ohne die Spuren seines Einbruches vorher wieder zu verwischen. Der Gegenstand war ein Paket, das eine verlötete Teebüchse enthielt. Darin lagen in Goldstücken und Geldscheinen zehntausend Mark. O Gott! O Gott! Herrn Heimsicks Rückenmark! Dabei ein Zettel mit den Worten: »Gespart von Deinem Vater.«

In nächster Nacht schlich Max wieder nach dem Winkel und säte mit bebenden Händen Krokussamen unter den Unrat in die Erde. Dazu betete er: Gott möge sein Vorhaben segnen.

Die zehn Mille verwandte er insgeheim zu Unternehmungen und Experimenten. Er spekulierte und kalkulierte und verkalkulierte sich, kaufte und verkaufte. Ein Tausender nach dem anderen schmolz ergebnislos dahin, und als Max den letzten auf eine einzige Karte setzte, erzielte er schließlich einen Gewinn von elftausend Mark. Damit eilte er zu Heimsicks.

Evchen war erkrankt. Sie lag zu Bett. Ihr früheres Kindermädchen, später Hebamme geworden, pflegte sie nun. Evchen empfing Max nicht. Sie empfing nicht einmal ihren Vater. Sie empfing prinzipiell keinen Mann im Bett. Von der Pflegerin erfuhr Herr Heimsick, daß es sich um eine zwar ungefährliche, aber unter Umständen langwierige Unterleibssache, um eine Frauenkrankheit handelte.

»Herr Heimsick«, stammelte Max und errötete, »ich habe mit meinem kleinen Gelde wieder und wieder spekuliert, und ich habe elftausend Rückenmark erzielt, und ich bitte wieder um Evchens Hand, und soll ich sie einer Bank überweisen oder – –?«

Herr Heimsick erblaßte, aber faßte sich schnell. »Nix Bank!« sagte er. »Eine Bank kann fallieren.«

»Ja, kann -lieren«, stammelte Max. »Sie stecken es also in Ihr Geschäft, wir arbeiten damit.«

»Nein«, rief Heimsick, »wir arbeiten nicht damit. Ich quittiere Ihnen. Aber das Geld nehme und behalte ich in Gewahrsam unberührt und unverzinst, solange ich lebe.« In Timber stieg ein schweres Ahnen auf.

Zwischen Heimsick und Max einerseits und Evchen nebst Pflegerin andererseits wurde durch eine verschlossene Tür folgendes vereinbart: Max sollte sofort zum gleichen Salär, wie er's bisher als Gartengehilfe bezogen, als Lehrling in die Samenhandlung eintreten, um sich dort einzulernen, bis Evchen gesund wäre, was allerdings ein Vierteljahr dauern könnte. Aber dann sollten auch nach großzügig moderner Auffassung Verlobung und Hochzeit zugleich gefeiert werden, und Max würde schnell avancieren – – eventuell Prokura – –

In dieser Nacht fand Heimsick keinen Schlaf. Beim ersten Morgenlicht unternahm er einen Spaziergang durch den Garten, dabei musterte und betastete er gleichsam spielerisch wie vielerlei so auch den Winkel an der Laube. Da entdeckte er zu seinem maßlosen Erstaunen allenthalben unter dem Unrat junge, rührende, unschuldige, leuchtende Krokusse. Sollte an der Teebüchse –? – – Herr Heimsick brachte Gott ein stilles Gebet dar, worin er ihm dankte, daß er sein Beginnen gebilligt und gesegnet und sein Geheimnis durch diesen zarten Blumenpanzer noch mehr gesichert habe. Seiner Tochter und seinem Lehrling aber erzählte er strahlend, daß durch irgendwelchen Zufall in jenem sonnenverbannten Winkel Krokusse aufgeschossen seien, und deutete das als ein gutes Omen.

Das Wunderbeet sollte fortan und, solange er lebe, ein unantastbares, heiliges Familienbeet bleiben.

Es fiel Timber leicht, sich in das Geschäft seines künftigen Schwiegervaters einzuarbeiten. Er entwickelte vom ersten Tage an den größten Eifer, innerlich aber war ihm nicht wohl zumut. Wo würde der Alte die elf Mille hintun? Und ob er bei solcher Gelegenheit – –? Mit anbrechender Dunkelheit verbarg sich Max im Garten, beobachtete stundenlang das Krokusbeet.

Richtig, in der dritten Nacht sah er den Alten auf dieses Beet zustreben. Wieder trug er einen Gegenstand. O Gott! O Gott! –

– Aber – – Gott sei gelobt! – Er griff den heiligen Krokushain nicht an. Sondern er maß zehn Handspannen vom Rande desselben nach rechts ab, und an dem Endpunkte vergrub er das Paket, vergrub er sein, Maxens, Rückenmark. Und dann – Max sah es deutlich und lächelte dabei gerührt und triumphierend, während er noch mit den Zähnen klapperte – dann steckte Vater Heimsick kleine Zwiebelchen in das Erdreich vom Krokusbeet bis über das neue Versteck hinaus.

Max hatte dem Teufel einmal den kleinen Finger gereicht. Um es kurz zu erzählen: Er stahl auch das zweite Paket und fand zu Hause wieder in einer Teebüchse sein Rückenmark, elftausend Mark, ja sogar noch viertausend Mark mehr mit einem Zettel.

»Dies sparte Max Timber für Eva Heimsick.« Max weinte und betete.

Bald wurde der Lehrling eine bedeutsame, fast unentbehrliche Stütze des Samenhändlers. Mit dem Gehalt, das er monatlich bezog, ging er übertrieben sparsam um. Vom Überschuß kaufte er praktische Geschenke für Evchen und Gegenstände der Aussteuer. Heimlich aber spekulierte er mit den fünfzehn Mille und verlor und verlor, bis er nach Monaten fünfundzwanzigtausend Mark gewonnen hatte. Da betete er und weinte. Und füllte und verlötete wieder die beiden Teebüchsen, nur daß er die fünfzehntausend in Heimsicks Büchse und die zehntausend in seine eigene tat.

Unterdessen hatte sich etwas anderes Geheimnisvolles begeben. In einer dunklen Nacht war Evchen mühsam nach dem dunklen Winkel gewankt, und sie hatte mit schwachen Händen ein Paket, ein in Tücher gewickeltes Etwas, genau in die Mitte des Krokusbeetes, das sich im Laufe der Zeit weiter ausgedehnt hatte, eingegraben. Später hatte sie dann folgenden Brief an ihren Klavierlehrer geschrieben: »Enrico, ich habe Dir etwas Trauriges und doch auch Erfreuliches mitzuteilen: Es ist tot. Aber nun ist auch alles zwischen uns aus. Ich heirate demnächst einen Mann, den ich mehr als Dich lieben lernte. Wir, Du und ich, dürfen uns nie wieder sehen, tue das Deinige dazu und vergiß Eva.«

Enrico Marsalino war sowieso der Boden zu heiß geworden, und er trug sich prinzipiell mit der Absicht, das abgegraste Städtchen bald zu verlassen. Vielleicht hatte Evas Brief etwas in ihm erweckt. Vielleicht lag ihm das Posieren unbezwingbar im Blut. Jedenfalls steckte er eines Abends eine Alpakanadel an eine weiße Lilie und machte sich auf, um diesen Abschiedsstrauß auf Evchens Fenstersims niederzulegen. Im Garten mußte er plötzlich beiseite springen in ein schützendes Gebüsch, weil ein anderer Mann sich näherte. Der Italiener wurde stiller Zeuge davon, daß dieser Mann an zwei Stellen je ein Paket verscharrte.

Marsalino grub bald danach diese beiden Pakete aus und fuhr damit, nachdem er auf dem Beete den *status quo ante* hergestellt hatte, nach seiner Heimat Süditalien, auch die Lilie und die Alpakanadel mitnehmend.

Allmählich ward Evchen gesund. Verlobung und Hochzeit wurden gefeiert in einem pompösen Fest, dabei sich Timber und Heimsick dauernd betrunken umarmten.

»Dein Prinzip ist das richtige!« rief der Alte.

»Nein, dein Prinzip ist das richtige!« rief der Junge. »Nein, deins!« – »Nein, deins!«

Von Prokura war gar nicht die Rede, sondern es wurde die Firma Timber und Heimsick gegründet.

Diese Firma erlebte bald einen riesigen Aufschwung. Timber war der Sparsame, Heimsick spekulierte. Aber weder Schwiegersohn noch Schwiegervater erwähnten jemals die Rückenmarksangelegenheit, denn sie waren glücklich und nicht geschwätzig. Und Evchen machte ein glückliches Gesicht – nein, sie war wirklich glücklich, aber von ihrem Krokusgeheimnis sprach sie nie, denn sie war nicht geschwätzig. Auch Herr Marsalino schwatzte nicht, sondern lebte glücklich in der Ferne.

Jedes Jahr hoben rührende, unschuldige, leuchtende Krokusse ihre Köpfchen aus der Erde, aber sie schwatzten nichts aus, denn sie waren glücklich.

Man könnte nun fragen, ob und wie jene Krokusgeheimnisse jemals aufgedeckt wurden, oder wenn nicht, woher ich sie wüßte, aber ich bin auch nicht geschwätzig und lebe glücklich. Ich bin ein rührender, unschuldiger, leuchtender Krokus.

Das Erbe des spinneten Vaters

»Guten Tag, Vater! Fehlt dir was? Ist was vorge-
fallen? Bist du krank?« Herr Fries legte den Finger auf den Mund und führte voranschreitend den
aufgeregten Jüngling ins Schlafzimmer. Dort schloß
er die Tür hinter ihm ab, nahm den Schlüssel an
sich und kroch damit ins Bett zurück. »Dort ist ein
Stuhl.«

Der Alte wird immer spinneter, dachte Bertram
wütend, aber gespannt neugierig. Bevor er sich setzte,
zog er ein Paket hervor und sagte mild: »Ich habe dir
ein kleines Geschenk mitgebracht.« Der Alte wik-
kelte eine einfache Tabakpfeife aus dem Papier, die
er flüchtig betrachtete und mit einem »Dankeschön«
beiseite legte. »Hör zu«, begann er dann, »ich habe,
wie ich dir schrieb, eine wichtige und dringende Mit-
teilung an dich. Du weißt: Ich leide schon lange an
einer unheilbaren Krankheit.«

»Leider!« seufzte der Sohn.

»Mein lieber Sohn, Stiefsohn, ich fühle, daß es mit
mir zu Ende geht.« – Bertram machte eine kurze,
abwehrende Bewegung. Sein Stiefvater sprach mit
gleichmäßig ruhigen Worten weiter: »Du bist, wie
du weißt, mein einziger Erbe, und ich möchte heute

sozusagen Rechenschaft vor dir ablegen.« Der junge Fries wurde feuerrot.

»Ich habe leider in den letzten Jahren nicht mehr arbeiten können –«

»Das fehlte auch noch«, bemerkte Bertram zärtlich und heiser.

»– sondern habe meine Ersparnisse, soweit ich sie nicht zu deiner Ausbildung verwendete, für meinen Unterhalt, auch für mein Vergnügen verbraucht und dann, als das Bargeld dahin war, mein Eigentum, ein Stück nach dem anderen, verkauft.«

»Das war sehr recht gehandelt«, schaltete Bertram unsicher ein.

»Ja«, sagte der Vater und drehte sich so, daß er dem Sohn ins Gesicht sah, »du hast immer gütige Worte für mich gehabt. Aber im Herzen bist du ein Erzschlingel. – Still! Sprich du jetzt kein Wort! – Du bist ein geriebener, nichtsnutziger, hinterlistiger Galgenstrick. Nicht, weil du mich vor anderen Leuten deinen spinneten Vater nennst, nicht weil du dich darauf freust, von meinem Gelde eine eigene Existenz nach deinem Sinne zu gründen oder ein faules, schwelgerisches Luderleben zu führen, sondern weil deine Herzlosigkeit dabei niemals meinen Tod bedauern würde. Weil du auf diesen Tod so ungeduldig lauerst. – Schweig! – Weil du überhaupt nicht eine einzige edle Regung in dir hast, vielmehr an Geld denkst, nur aus Geldgier handelst und auch das in deiner Feigheit – halt das Maul, wenn dein alter Vater spricht! – nur auf erbärmlichste Weise. Jedesmal, wenn du dich zu deinem einsamen Vater herausbemühtest, brachtest du ein Geschenk mit. Entweder billigen, lieblos gekauften Schund, wie diese Tabakpfeife, oder kostbare Sachen, wie jenes Konversationslexikon, die nur dich selbst interessieren, und weil sie dermaleinst an dich zurückfallen. Denn alle deine Gaben beiderlei Art habe ich, wie du beobachtet hast, sorgfältig aufbewahrt. Du erbst sie, und sie befinden sich augenblicklich alle in diesem Raume; mein anderes Zimmer ist gänzlich leer.« In Bertrams Antlitz hatten sich dramatische Pantomimen abgespielt. Jetzt senkte er den Kopf, was alles mögliche bedeuten konnte. »Da ich aber«, fuhr der Alte fort, »seit langem regelmäßig und ununterbrochen hohe Beiträge für meine Lebensversicherung gezahlt habe, so fällt dir einmal, sofern ich nicht durch absichtliche Gewalt, das heißt nicht durch Mord oder Selbstmord ende, eine stattliche Summe zu.«

»Vater!« stieß Bertram hervor und wollte aufspringen, aber der andere winkte ihn auf den Sitz zurück.

»Endlich erbst du auch noch das dir bekannte goldene Hundertfrankstück, das mir ein altes teures Andenken war. Ich habe jedoch, wie das in solchen Fällen üblich ist, auch ein Anliegen an dich. – Du nickst? Gut! Sei also bitte gleich einmal so liebenswürdig, die erwähnten Lexikonbände zu zerreißen.«

»Wie??«

»Zerreißen, ja, zerstören, mit Vorsatz, mit Kraft!«

»Vater!« rief Bertram erbleichend. »Was hast du?«

»Was ich habe? Ich habe unter der Decke in meiner Hand einen geladenen und gespannten Revolver. Ich habe ferner eine brennende Neigung dazu, dich mit ins Jenseits zu nehmen. Aber du wolltest doch das Lexikon – – –?«

»Wenn du es wünschst –!« rief der Sohn bebend, stürzte nach dem Schreibtisch und zerriß und zerwürgte unter gewaltiger Anstrengung das Nachschlagewerk.

»Gut!« sagte der Vater, der ihn nicht aus den Augen ließ. »Dort steht deine geliebte Biedermeier-Uhr, und dort liegt ein Hammer. Zerschlage!« Der Junge richtete sich entsetzt auf. »Zerschlage«, befahl der Vater, »oder – – –«

Bertram warf einen kurzen Blick nach Tür und Fenster, dann hieb er, anfangs mit vorsichtigen, zuletzt mit verbitterten, blinden Schlägen auf die Uhr ein.

Und alle seine Geschenke zerbarsten, zerkrachten so, vernichtete er. Als aber zuletzt das kostbare Mikroskop an die Reihe kam, da siegte für Sekunden seine Wut über seine Feigheit. Er duckte sich zu einem Sprung. Herr Fries senior zog den Revolver unter der Bettdecke hervor: »Eins – – – du weißt, daß ich auch heute noch ein guter Schütze bin.

– Zwei! – – –« Das Mikroskop zersplitterte. »Gut, mein Sohn. Hier hast du den Schlüssel zur Tür.« Zitternd, seine Wut verbeißend, floh Bertram. Als er über die Hausschwelle wankte, hörte er eine erschreckende, gellende Stimme über sich. Sein Vater, weit aus dem Fenster gebeugt, rief: »Lebe wohl, du Erbe eines spinnenden Vaters!« Ein Schuß krachte. Der alte Fries lag als Leiche über dem Fensterbrett, halb draußen, halb drinnen.

Bertram war außer sich. Er stürzte davon, kam zurück, raste die Treppe hinauf, rannte mit dem Gewicht seines Körpers die Tür ein, durchwühlte die ganze Wohnung, durchkramte sogar unter fürchterlichen Qualen des Grauens die Taschen des Toten und lief schließlich, wie ein Hund heulend, nach Hause.

Eine schwere Krankheit überfiel ihn. Er war noch bei der ärztlichen und polizeilichen Untersuchung dabei, auch bei der Testamentseröffnung, da er außer Trümmern nichts, nichts erbte.

Denn das Hundertfrankstück ward nicht gefunden. Dann zwang ihn sein Fieberzustand ins Bett. Die Wirtin pflegte ihn liebevoll, obwohl er kein bequemer Patient war, denn in seinen Phantasien schlug er um sich und führte böse Reden. Ein goldenes Hundertfrankstück spielte offenbar eine wichtige Rolle in seinen wüsten Träumen.

Als er wieder genesen war, erhielt er einen eingeschriebenen Brief eines ihm unbekannten Herrn aus

London: »Sehr geehrter Herr, zu dem traurigen Ableben Ihres Herrn Vaters spreche ich Ihnen nachträglich mein innigstes Beileid aus. Der Verblichene war ein alter Freund von mir. Ich mußte ihm seinerzeit eidlich versichern, daß ich drei Wochen nach seinem Tode Ihnen mitteilen würde: Er, Ihr Herr Vater, hätte kurz vor seinem Ende ein Goldstück verschluckt. Diesen mir heiligen Auftrag möchte ich hiermit erledigen. Indem ich Sie bitte, mir das zu bestätigen, bin ich mit dem Ausdruck vorzüglichster Hochachtung Ihr ergebenster X. X.«

Das brachte Bertram aufs neue in eine schreckliche Verfassung. Der spinnete Lump hat es verschluckt. Ruhelos, in wirrem Grübeln wanderte der Sohn zum Friedhof und wieder heim und wieder zum Friedhof. Aber er konnte doch unmöglich das Grab öffnen. – Leichenschändung. – Und ein anderer – – – ein Berechtigter –? – Würde das Geld unterschlagen. Man könnte den Leichnam doch nachträglich sezieren lassen; aber was kostete das! Und doch – eine goldene Hoffnung dämmerte auf – doch war dies der richtige Weg. Der Vater hatte das Geldstück versehentlich verschluckt. Er war daran – nur daran gestorben, und im Todeskampfe, geistig umnachtet, hatte er – war ihm die Pistole losgegangen. Ein gerissener, eventuell etwas bestochener Advokat hätte mit Erfolg gegen die Versicherungsgesellschaft prozessieren können.

Der junge Fries besaß keinen einzigen Freund. Nun versuchte er, sich mit einem einflußreichen Arzte anzubiedern. Die Obduktion der Leiche wurde vorgenommen und ergab nichts. Man fand weder die Münze noch irgendwelchen Anhalt dafür, daß der alte Fries durch einen verschluckten Gegenstand Schaden erlitten hätte.

Gleichzeitig mit dem ärztlichen Gutachten und einer beträchtlichen Liquidation über alle diesbezüglichen Unkosten erhielt der verzweifelte Sohn ein Schreiben von einem Unbekannten aus Philadelphia: »Im Auftrage Ihres verstorbenen Vaters übermittle ich Ihnen ausdrücklich erst heute beiliegenden Brief. Hochachtend X. X.« Der beigefügte Brief trug in Schriftzügen des Vaters die Aufschrift »Für Bertram« und enthielt einen Bogen Papier mit den von gleicher Hand geschriebenen Worten: »Ich habe, ohne Schaden zu nehmen, das Goldstück verdaut.«

»Der spinnete Schuft!« Bertram begab sich, so schnell er konnte, nach der ehemaligen Wohnung seines Vaters und erbat und erhielt die Erlaubnis, die Abortgrube untersuchen zu dürfen. Mit einem langen Instrument, das er nach aufreibendem Herumfragen auftrieb und das einem riesigen Punschlöffel glich, rührte und fischte er nun einen halben Tag und eine halbe Nacht hindurch in der Grube, er schöpfte sie zuletzt löffelweise aus und um. Doch das Gesuchte war nicht zu entdecken.

Abermals war Fries junior vom Fieber gepackt, noch heftiger als das erstemal. Und als er endlich, nach Wochen die Krisis überstanden hatte, brachte man ihm die eingegangene Post. Da war wieder ein Brief seines Vaters darunter, im Auftrag desselben von einem Fremden so spät übersandt. Der Vater hatte sehr undeutlich zwei aufregende Sätze geschrieben: »Ich vergaß, Dir mitzuteilen, daß ich das Goldstück nicht nur verdaut, sondern auch wieder herausgeholt habe. Ich übergab es zur Aufbewahrung für Dich Herrn – –« Hier folgte ein Name, der noch undeutlicher, ganz undeutlich, der völlig unleserlich geschrieben war.

Es konnte »Tschachach« heißen oder »Mindachs«. Es konnte auch »Rimseck«, auch »Asrauch« oder »Kufwald«, es konnte alle Namen bedeuten, die Bertram nicht kannte.

»Frau Buttermelcher!!« schrie er. Die Wirtin eilte erschrocken herbei. Er hielt ihr den Brief hin: »Wie heißt dieses letzte Wort? Heißt es Kufwald? Heißt es – – –«

Die Wirtin drückte ihre Brille fest, studierte das Schreiben in Ruhe und sagte dann: »Das kann ich nicht lesen.« Der Kranke versetzte ihr eine schallende Ohrfeige. Weinend lief sie davon. Er kleidete sich hastig notdürftig an und eilte, den Brief in der Hand, zur Hausmeisterin.

Sie konnte das Wort nicht entziffern.

Er lief zum Bäcker, zum Schlachter, zum Schneider, zu allen Nachbarn, zu allen Bekannten.

Er lief zu Sachverständigen, zu allen Graphologen, zu allen Sammlern von Autographen, zur Polizei und zu allen Behörden. – – –

Man brachte Herrn Fries gewaltsam ins Irrenhaus.

Die Ode an Elisa

»Herein!«

Ein elegant gekleideter Herr mit schwarzem Haar, Spitzbart und Monokel trat ein.

»Verzeihung – – ich war schon gestern hier, ohne Sie anzutreffen. Ich bin Baron von Tschmltrzklptsch – (den Namen verstand ich nicht) –«

»Ihr Besuch ehrt mich, bitte, nehmen Sie Platz. Ich habe leider nur einen Stu-«

»Danke, danke«, unterbrach er mich nervös. »Ich höre, Sie dichten gut –«

»Sehr gut«, bestätigte ich.

»Ich habe ein vielleicht etwas seltsam klingendes Anliegen an Sie, aber ich würde, wenn Sie einverstanden wären, gut honorieren. Es handelt sich um ein Gelegenheitsgedicht. –«

»Goethe schrieb nur Gelegenheitsgedichte«, warf ich ein.

»Würden Sie ein Gedicht über meine Frau machen?«

»Mit Vergnügen. Frauenbedichtung ist meine Spezialität.«

»Meine Frau kommt Montag aus Florenz, wird aber nur vierundzwanzig Stunden bei mir bleiben. Da möchte ich ihr das Poem überreichen.«

»Sehr passend und vornehm.«

»Und ein Honorar von fünfhundert Mark würde Sie befriedigen?«

Ich verbeugte mich tief und konnte kein Wort herausbringen.

»Schön«, sagte der Baron, »Ich müßte aber die Bedingung stellen, daß Sie mir das Gedicht am Montagabend persönlich nach Uchtriz bringen. Ich bin zwischen acht und neun Uhr im ›Hotel Kaiser‹ zu treffen. Es tut mir leid, Ihnen die Sache so erschweren zu müssen, aber – – –«

»Schon gut. Ich bin ein freies Kind der Zeit. Ich brauche nur noch einige Angaben über Ihre Frau.« Damit holte ich einen für solche Zwecke bestimmten Fragebogen aus meinem Schreibtisch und begann die einzelnen Punkte vorzulesen:

»Haare?«

»Blond«, erwiderte der Fremde.

»Augen?«

»Blaugrau.«

»Größe?«

»Mittel.«

»Schlank?«

»Sehr.«

»Vorname?«

»Elisa.«

»Ah! – Besondere Eigentümlichkeiten oder sonst Erwähnenswertes?«

»Sammelt Strumpfbänder.«

»Danke bestens. Das genügt. Montag zwischen acht und neun haben Sie das Gewünschte.«

»Und nicht wahr, ich kann mich auf Ihre Pünktlichkeit verlassen?«

»Der Wahn ist kurz, die Reu ist lang!« zitierte ich, da mir nichts Passenderes einfiel.

»Schön. Soll ich den pekuniären Teil gleich – – –«

»Bitte, das eilt nicht.« Ich heuchelte erhabene Gleichgültigkeit.

»Hier ist die Adresse: Uchtriz, ›Hotel Kaiser‹, acht bis neun Uhr. Dann besten Dank im voraus und auf Wiedersehen. Ich empfehle mich Ihnen!«

»Adieu, Herr Baron, habe die Ehre!« rief ich an der Treppe laut. Alle Nachbarn hörten es.

Das Gedicht über oder besser an Elisa ward noch am selben Tage fast fertig gedichtet. Es gelang wirklich schön. Nur auf Strumpfbänder fehlte mir noch ein Reim. Sumpfländer paßte nicht recht, und Rumpfschänder schien mir zu gesucht. Doch das wollte ich schon noch finden.

Inzwischen hatte ich mit vieler Mühe festgestellt, daß Uchtriz ein kleiner Marktflecken, etwa zwei Stunden Bahnzeit entfernt und keine Bahnstation war.

Mein Freund Koppel, dem an dieser Stelle nochmals gedankt sei, lieh mir am Montag das Fahrgeld. In strömendem Regen, auf ausgefahrenen Feldwegen mußte ich von der letzten Bahnstation bis Uchtriz anderthalb Stunden zu Fuß gehen.

»Hotel Kaiser« war der beste Gasthof dort. Man erhielt auf Wunsch Servietten. Übrigens gab es keinen Gasthof weiter in dem Ort. Als ich anlangte, erkundigte ich mich zunächst, ob ein Baron mit schwarzen Haaren, Monokel und vornehmer Kleidung dort logierte, denn ich wußte den Namen meines Auftraggebers leider nicht. Man teilte mir mit, der Herr wohne allerdings dort, habe aber nach Stallberg fahren müssen und hinterlassen, wer ihn zu sprechen wünsche, solle ihn erwarten; er käme um elf Uhr zurück.

Das war sehr fatal und eine Ungehörigkeit, die nur durch die Höhe des Honorars gerechtfertigt schien.

Ich aß von neun bis elf Uhr sieben belegte Butterbrote und feilte dabei noch etwas an meiner Ode an Elisa.

Dann wurde mir die Rückkehr des Barons gemeldet. Ein schwarzhaariger Herr mit Monokel, vornehm gekleidet, erschien. Es war jedoch nicht der von mir Gesuchte, sondern ein Bergingenieur aus Lüneburg. Außer ihm wohnte zur Zeit kein Fremder in Uchtriz, und niemand wußte etwas von meinem Baron. Ich war wütend und befand mich in einer peinlichen Situation, da ich keinen Pfennig Geld mehr besaß.

In meiner Not vertraute ich mich dem Bergingenieur an, bat ihn, mir das nötige Geld vorzustrekken, und bot ihm dafür meine Ode an Elisa an. Etwas mißtrauisch zunächst, wünschte er das Gedicht zu hören. Ich las es vor. Nach der zweiten Strophe schenkte er mir das Geld wie auch das Gedicht und empfahl sich, ohne meinen Dank abzuwarten.

Sehr niedergeschlagen machte ich mich auf den Heimweg, indem ich den Schuft von Baron verwünschte, der mich so niederträchtig im Stich gelassen hatte.

Drei Tage später begegnete mir dieser Herr auf der Straße und wollte kaltblütig vorübergehen. Ich trat jedoch auf ihn zu und grüßte in erwartender Haltung.

Er sah mich einen Moment zerstreut an, dann faßte er plötzlich meine Hand und fragte mit ruhiger Stimme:

»Sagen Sie mal, glauben Sie, daß es Katzen mit Flossen gibt?«

»Nein«, entgegnete ich empört, »mein Herr, ich glaube nur, daß Sie verrückt sind.« – – – –

Ich will nicht zu ausführlich erzählen.

Meine Meinung bestätigte sich. Der Baron entpuppte sich als ein verrückter Barbier aus der Augustenstraße, der in der ganzen Umgegend bekannt war und besonders von der Jugend als Sonderling gern verfolgt wurde. Mein eigener Sohn erkannte

ihn und lachte mich wegen meiner Leichtgläubig-
keit aus. – – –

Findest du nicht, lieber Leser, daß diese Geschichte viel hübscher anfängt als aufhört?

Durch das Schlüsselloch eines Lebens

Aber als das Fest müde geworden, als jene schalen Späße auftauchten, welche die Lustigkeit bis zur ärmlichsten Dünne in die Länge ziehen, als das Gelächter schon im Lallen oder Gähnen verklang und in der Dunkelheit stiller Nebenräume menschliche Atemzüge vernehmlich auf- und niederstiegen, da bestellte sich Berthold einen Wagen und entfernte sich heimlich.

Indem er draußen dem kalten Winterwind aufgerichtet und mit weitgeöffnetem Mantel entgegentrat, kam er sich wie ein kühner Feldherr vor, nicht nur, weil ihn der Kutscher des Mietwagens entsprechend behandelte.

Der Dank eines durch Trinkgeld gerührten Dieners klang ihm nach. Der Schlag klappte beängstigend laut zu. Er vernahm ein Schnalzen, Getrappel, Gerassel und sagte mit fröhlichem Pathos: »Ich rolle.« Seinen Körper möglichst über vier Sitze verteilend, wandte er sich noch einmal nach den erleuchteten Fenstern der Villa zurück und ließ seinen Stolz in der Erinnerung baden, daß er in Gesellschaft reicher oder berühmter Leute vornehm gespeist und getrunken hatte.

Über den dick verschneiten Straßen dämmerte es bereits, und da Berthold Arbeiter, Bäcker und Milchweiber ihren frühen Geschäften nachgehen sah, ward seine gute Laune durch ein Gefühl von Beschämung gedämpft.

Irgendwo im Weichbild der Stadt ließ er halten und bezahlte den Kutscher. Die Folgegeister eines feurigen Burgunders hielten ihn wach und schürten die Lust zu der unvernünftigen Idee, mit Ballschuhen und Zylinderhut einen Morgenspaziergang über Land zu unternehmen.

Hinter den letzten Häusern sah Berthold eine weiße Wüste von Schnee vor sich und darüber einen wohltuend ruhigen, lichtgrauen Himmel. Die frische Luft klärte seinen Blick. Der noch jugendliche Mann sandte einen recht selbstbewußten Gedanken kondolierend nach dem heißen, verrauchten Saal zurück, den er als einer der ersten verlassen. Er war entschlossen, sich um einen Schlaf zu betrügen und seine kühne Stimmung in irgendein der Gelegenheit anzupassendes Erlebnis umzuschmelzen, wie man in der Neujahrsnacht heißes Blei ins Wasser gießt, um zu sehen, was daraus wird.

Die gleichmäßige Schneedecke verbarg Wege und Gräben, und nur die Krümmungen der Landstraße waren durch zwei Baumreihen mit gleichsam märchenhaft verzuckertem Gezweig gekennzeichnet. Aber Berthold stapfte quer über das verschneite Akkerland, oft tief versinkend. Wie ein schwarzes Boot durch ein weißes Meer ging er durch den weiten, weichen, blendend reinen, unberührten, jungfräulichen Schnee und genoß die Lust, ihn als erster zu durchwühlen. In dieser Lust lag etwas von der Freude des Vandalen oder von dem Vergnügen, das man empfindet, wenn man die gespreizte Hand in einen Sack voll Hafer versenkt. Und doch war ihm jemand zuvorgekommen, denn er stieß bald auf die Fußstapfen eines Menschen, der, ebenfalls Straßen verschmähend, die Felder durchquert hatte. Es waren zierliche Spuren in geringen Abständen, also wohl von einer Dame herrührend.

Ein Vogel schwang sich auf, als Berthold niederkniete, die Abdrücke zu untersuchen. »Guten Morgen, Rabe«, rief er, »ich bin Lederstrumpf – nein besser Sherlock Holmes. Wenn ich das Weib, das hier gegangen ist, erwische, dann kommst du vielleicht noch zu einem zarten Galgenfrühstück. Haha! Warte einmal – eins, zwei, drei, vier – – einundzwanzig Nägel hat sie im Absatz, jawohl!«

Der einsame Sprecher erhob sich lachend und schritt beschleunigt den Fußstapfen nach; er wünschte zu erfahren, wohin die Stiefelchen zu so früher Stunde gewandert waren.

Etwas später hob er ein blauseidenes Taschentuch auf, in welches er einen kleinen, unscheinbaren Notizkalender eingewickelt fand. Auf der Umschlagseite, mit Tinte mehr gemalt als geschrieben, stand: Lygia Valtin, Gruseliusstraße 3/IV. Die inneren Buchseiten enthielten unter fortlaufenden Daten Bleistiftnotizen. Mühsam entzifferte er:

Graf Naschauer – Perlgürtel – Puderdose Bahnhof – Eisbahn – Putzi schreiben – Schutzmann Klimmer – Kneifer – vier Uhr Kaiserplatz Kleiner Schwarzer – Rezept Hirschpastete – ein Neger mit Gazelle zagt im Regen nie – Baron von Biegemann, Frankfurt am Main, Taunusstraße 7 – zwei Meter Moiréeband – Wäsche … und ähnliche Notizen.

Es geschah an einem Januar-Freitag, da Berthold das las, und für diesen Tag fand er in dem Kalender die Bemerkung: »Mutters Todestag«, »Kleiner Schwarzer zwölf Uhr Mittag«. Das war der Inhalt des Büchleins. Der junge Herr stieß einen Pfiff aus; das gesuchte Abenteuer begann. Weitereilend gewahrte er bald, daß die Fährte, der er folgte, einem kleinen, abseits gelegenen Dorffriedhof zustrebte. Eine seltsame Rührung erfaßte ihn vorübergehend. Das Bild, das er sich nach den Stiefelabdrücken, dem stark duftenden Tuch und jenen Notizen in Gedanken von Lygia Valtin angefertigt hatte, bekam eine andere Gestaltung durch die Begriffe »Mutters Todestag« und »Feldfriedhof«. Die Achtung, die er vor der Unbekannten empfand, bewog ihn, ihre Verfolgung aufzugeben. Aber sein Interesse für die Dame war gestiegen, zumal er an dem Fund zu erkennen glaubte, daß sie hübsch, jung, gewiß auch reich an Beziehungen sei. Deshalb wollte er sie in ihrer Wohnung aufsuchen; bot doch das Tuch genügend Anlaß.

Während er die Strecke über die Felder im Zurück weit schneller als im Hin durchwatete, sann er auf eine originelle Anrede, sich bei Lygia einzuführen. – Er konnte beispielsweise beginnen: Gnädigste, ich heiße Berthold Sievers und komme, um Ihnen mitzuteilen, daß Sie einundzwanzig Nägel im linken Absatz tragen. – Dann vermochte er ihr verwirrtes Erstaunen noch höher zu schrauben, indem er etwa hinzulog: Außerdem läßt Ihnen Baron von Biegemann durch mich beste Empfehlungen und die Bekanntgabe zugehen, daß er sich mit der chinesischen Prinzessin Hink Puckling verlobt und gleichzeitig eine Hutkrempenfabrik in der Taunusstraße eröffnet hat.

Das mußte eine amüsante Unterhaltung zeugen, und Berthold nahm sich vor, erst dann mit Aufklärung, Taschentuch und Notizblock herauszurücken, wenn der Grundstein zu etwas Galantem oder Zartem oder Intimem gelegt sein würde. Und ein Mädchen, das am frühen Wintermorgen aufstand, um das entfernte Grab ihrer Mutter zu besuchen, war doch nicht anders als gemütvoll und liebenswert zu denken.

Als Herr Sievers die innere Stadt erreichte, war es

heller Vormittag geworden, ein lebendiger, fröhlicher Vormittag. Die Stimmen des Orchesters »Verkehr« hatten eingesetzt. Der junge Mann betrat ein Speisehaus mit der Absicht, kräftig und behaglich zu frühstücken.

Die Kirchtürme läuteten Mittag, als er im vierten Stock des dritten Hauses in der Gruseliusstraße klingelte. Eine ältliche Frau öffnete scheu, deren Gestalt an den Kugelaufbau eines Schneemannes erinnerte, eine Frau, deren Gesicht und Kleidung dabei etwas so Trübseliges, Verwaschenes und Ungewaschenes hatten, daß der närrische Gedanke durch Bertholds Gehirn zuckte: so ungefähr müßte man sich die Mutter des schlechten Wetters vorstellen. Er konnte ein Lächeln nicht unterdrücken, er wollte es auch gar nicht, da seine Laune voll Lustigkeit und Selbstzufriedenheit war. Überdies hatten sich die Überreste einer Mahlzeit, ein paar Makkaroni, auf unerklärliche Weise in das struppige Haar der Dame verwickelt, und das wirkte durchaus erheiternd.

Herr Sievers erhielt auf seine ausgesucht höfliche Frage nach Lygia Valtin die Antwort: Das Fräulein wäre ausgegangen, aber er sollte nur warten. Das wurde ihm etwas geheimnisvoll und nicht eben freundlich mitgeteilt, doch er nickte einverstanden. Darauf schob ihn die Frau, seine Ellbogen von hinten ergreifend, wie einen Kinderwagen durch einen nachtdunklen Korridor. In dem unbehaglichen Gedanken an Schrankecken oder Stufen wollte er Tastbewegungen machen, aber da wurde er auch schon in ein helles Zimmer gestoßen. Die Tür fiel hinter ihm zu. Er hörte, wie die Makkaronidame sich draußen auf Filzschuhen schlürfend entfernte.

Berthold hängte lächelnd Mantel und Hut an einen Kleiderständer zwischen eine blauseidene Matinée und eine Gitarre, dann nahm er auf einem vergoldeten Rokokostuhl Platz. Der Raum, in dem er sich befand, sah gutmütig aus. Er war durch einen Herdofen mollig gewärmt und – das bemerkte Herr Sievers sofort – er war kein Zimmer von irgendjemandem, er war eine ganze Welt für sich – für Lygia Valtin natürlich. Es standen dort moderne und alte Möbel, Tisch, Stühle, Bett, Kleiderschrank, Bücherregal, ferner ein Diwan, auf dem eine flachsblonde Puppe mit offenen Augen schlief, ein Reisekorb, auf dem gebrauchtes Kochgeschirr unordentlich durcheinander lag – auch der Schatten unterm Bett war indiskret. An den Wänden hingen zwei Revolver, ein Florett, ein Bademantel und viele Bilder. Berthold betrachtete: Gruppenphotographien junger Leute beiderlei Geschlechts, teils im Freien, teils in Zimmern aufgenommen, die ebenso bunt verstellt waren wie Fräulein Valtins Behausung. Diese Bilder lebten auf einmal. Aus ihren Rahmen sprangen Studenten, Offiziere, Kaufleute und Damen in ärmlichen oder besseren, aber immer auffallenden Kleidern, tanzten wie trunken, lachten schmetternd und redeten komischen Blödsinn, und eine Dame, die mehrfach vertreten war, mußte Lygia sein.

»Leidenschaftlich, rassig, beinahe spanisch«, dachte Berthold, und gleichzeitig hing die Gesellschaft wieder in toter Bilderform an der Wand, »phantastisch, aber geschmackvoll, mittelgroß, ebenmäßig, schlank, dunkelhaarig – etwa 25 Jahre alt. Sieht sich gerne abgebildet.« – Er fand sie in *grande toilette* ernst und würdig an eine marmorne Brüstung gelehnt, als strampelnder Pierrot, von zwei Türken getragen und auf dem Fahrrad, fesch, kühn, mit der weltverachtenden Miene der Berufsfahrer. Sie lag träumerisch hingegossen, seitlich auf dem Diwan, die rechte Hand in das langseidige Fell eines Hundes gewühlt, der sich schlangenartig an ihrem Busen zusammengerollt hatte. Sie stand nackt, mit erhobenem Schläger, mit stolz und streng zusammengezogenen Brauen wie eine rächende Göttin vor ihrem Schrankspiegel, der hinterrücks ihre göttlichen Rundungen verriet. An einem Necessaire auf der Waschkommode, zwischen einem Verschönerungsverein von Kämmen, Bürsten, Scheren, Feilen, Parfümflaschen, Augenstiften und Schminkschachteln, lehnte ein Kopf von Lygia, in greller Beleuchtung gezeichnet, ein Kopf mit wild verzerrten Augen und wirrem, aufgelöstem Haar. Der wie zum Schrei geöffnete Mund entblößte eine Reihe makelloser Zähne. Unter dem Bild stand »Dementia«.

»Sie kann schauspielern, sie hat Raffinement«, sagte der junge Mann laut vor sich hin. Seine Worte kamen nicht so gleichgültig heraus, wie er sie auszusprechen sich unwillkürlich bemühte. »Und das ist ihre Mutter«, fuhr er noch lauter, ja fast mit einem freudigen Schrei fort, indem er sich dicht an das vergilbte Porträt einer alten Frau beugte. Ein Kranz noch feuchtfrischer Tannenzweige war über das Bild gehängt. Berthold sah nach der Uhr. Es war so ganz still in dem Zimmer. Nur ein Kanarienvogel schrie unaufhörlich Pie-eps, pie-eps. Sein Käfig stand zwischen grotesken Kakteen und kleinen, aber gut gepflegten Palmen auf dem einzigen Fenstersims. Man hatte ihm einen Berg von Futterkörnern aufgeschüttet, der für einen Monat ausreichen konnte, doch das Trinkgefäß des Vogels war leer. Die Erde in den Gewächstöpfen war hart und trocken. Berthold überzeugte sich davon, während er lange vor dem Fenster, oder wie er es taufte, vor Lygias »Garten« auf- und abschritt. »Warum kommt sie nicht!« redete er den Vogel an, und als dieser keine menschliche Antwort gab, nannte er ihn ein dummes Tier, das nichts verstände als Pie-eps zu schreien und blanke Kupferstäbe zu beschmutzen. Dann wollte er wieder auf dem Stuhl Platz nehmen, aber dieses Möbel hinkte, darum vertiefte er sich lieber in einen bequemen Klubsessel und begann seine Begrüßungsrede mit Betonung der einundzwanzig Nägel zu memorieren. Er sah wieder nach der Uhr, erhob sich wieder, ging wieder geraume Zeit auf und ab.

Lygias Bett war aufgedeckt. Wie sauber es glänzte! Berthold erinnerte sich an den Schnee. Zu Fußende war ein Spiegel und darüber ein Kruzifix angebracht, hinter dem eine Hundepeitsche steckte. Auf den mit Stickereien durchbrochenen, luftig aufgebauschten Kissen lag ein Stoß weicher Spitzenhosen. Herr Sievers hielt kurz den Atem an, verdrehte die Augen, tauchte für einen Moment das Gesicht in die Wäsche und, obgleich er sich allein wußte, trat er doch darauf schnell und verlegen zurück. –

Pie-eps, pie-eps klang es vom Fenster her. Er ging auf und ab, trat ans Bücherregal und fing an, die Bände der Reihe nach herauszuziehen; Pakete, die ihn nicht erreichten, von Jakobus Schnellpfeffer, Rabelais, Gontscharows »Oblomow«, Goethes Gedichte, Ursache und Behandlung der Maul- und Klauenseuche, Die Kindsmörderin –

»Wem gehören diese Bücher?« fragte er sich. »Es ist doch viel Gutes darunter, und der Kupferstich über dem Regal ist vorzüglich.«

Er lächelte, gähnte rücksichtslos und freute sich über die Unbefangenheit, mit der er Lygias Zimmer untersuchte. Trotzdem erkaltete sein Behagen an einem gewissen Gefühl des Fremdseins, ohne daß er sich dessen bewußt ward, und wie es ihm nicht gelang, die beobachteten Einzelheiten zu einem ganzen Gebäude zusammenzufügen, so fand er auch keinen Übergang von Lygias Häuslichkeit zu seiner eigenen.

Pie-eps, pie-eps klang es durch die Stille.

Es war spät geworden. Er sah es an der vorgerückten Dämmerung, deren Schatten das Zimmer merkwürdig entstellten. Er entzündete eine schlecht geputzte Stehlampe – mit der rotglasigen Ampel überm Bett verstand er nicht umzugehen. In spielerischen Schritten, den Kopf auf die Brust geneigt, umkreiste er mehrmals den Tisch. Später setzte er sich an den Schreibtisch, zog Schubfächer heraus und – er wußte, daß es unrecht war – begann Briefe durchzulesen.

Es waren ihrer viele, aber er las sie alle, bedächtig, langsam, mit zunehmender Spannung. Währenddem wurde sein Gesicht von einem Ausdruck des Ernstes und von einer edlen Ruhe verschönt.

Um ihn herum war alles still, auch der Vogel am Fenster schwieg jetzt. Herr Sievers saß lange Zeit vor den Briefen. Seine Gedanken errichteten Stufe für Stufe die Treppe, auf welcher Lygia Valtin geschritten – abwärtsgeschritten war. Er stellte sie sich vor, wie sie zaghaft ans Geländer geklammert, hinabgeschlichen, wie sie, als dieses aufgehört hatte, gestolpert, gefallen war, sich aufgerichtet hatte, wieder vorsichtig, dann leichtsinniger über die kalten

Stufen gelaufen, zuletzt getanzt war und nun im Schwung nicht mehr einzuhalten vermochte. »Wie verwunderlich ist das Leben«, sagte er, als ob er etwas ganz Neues aussprächse, und fügte hinzu: »Wo bleibt sie nur? Und ob mich denn die Wirtin ganz vergessen hat?« Indes mahnte ihn plötzliche Müdigkeit an eine Nachtwache. Ihn wandelte das Verlangen an, sich auf Lygias Diwan auszustrecken und einzuschlummern wie ein Märchenprinz in fremdem Garten, ohne zu wissen, wie er erwachen, wer ihn wecken würde. Wunderschön mußte es doch sein, jetzt sanft, allmählich jede Klarheit zu verlieren, hinüber zu gehen in die Träume, willenlos dem Gedanken ergeben, daß er sich Unbekannten überlasse, daß Unbekannte ihn, den Unbekannten, finden würden. Und als er sich wirklich ganz leise, behutsam, aber doch bequem neben der flachsblonden Puppe niederließ, auf dem Diwan, der gewiß schon oft das Rauschen von Seide, das Stammeln der Leidenschaft und die herben Seufzer der Einsamkeit vernommen hatte, da ging eine leise Traurigkeit über ihn.

So lag er und sann über Lygia nach. Was würde sie wohl sagen und mit welchen Bewegungen, welcher Stimme? Ob sie wohl sehr spät käme? Aber er hatte sechs Stunden gewartet, er konnte auch sieben Stunden warten. »Vielleicht kommt sie nicht allein«, überlegte er, »und sie ist kühl, verwundert, dankt trocken, und ihr Begleiter lacht. Vielleicht kommt sie doch allein, die schlanke Frau, von der ich so viel weiß. Sie kann auch böse sein oder mit der Zunge anstoßen, oder, ohne über meinen Besuch zu erstaunen, sich auf meine Knie setzen.«

Ihm fiel jenes Sprichwort ein, das mit einfältigen Worten eine hübsche Weisheit faßt: Wenn's am besten schmeckt, soll man aufhören.

Herr Sievers erhob sich hastig. Er schlüpfte in seinen Mantel, setzte den Hut auf, knüpfte das gefundene Notizbuch wieder in das Seidentuch und warf es nahe dem Kleiderständer auf den Boden. Er tat das mit einer wachsenden inneren Aufregung. Dann verließ er das Zimmer. Jedoch im Rahmen der geöffneten Tür kehrte er nochmals um, ergriff einen Meißener Waschkrug und goß mit zitternder Hand Wasser in die Gewächstöpfe und in den Trinknapf des Kanarienvogels. Nun schlich er davon und erreichte die Straße, ohne jemandem begegnet zu sein.

Und obwohl er müde, hungrig und ungewaschen heimkehrte, erfüllte ihn doch ein geheimnisvolles Behagen, wie es ein guter Mensch empfindet, der durchs Schlüsselloch etwas Ungeniertes beobachtet hat, wie etwa ein Vater, der seinen Kindern so zugesehen hat.

Ja, auch er, Berthold, hatte durch ein Schlüsselloch, durch das Schlüsselloch eines Lebens geschaut,

und da er daran dachte, daß es Millionen solcher Leben gab, von denen jedes wieder seine eigene Gestaltung besaß, war es nicht nur Behagen, was ihn
erfüllte, war es ein tiefes Ergriffensein vor der Uner-
meßlichkeit der Menschheit.

… liner Roma …

1.

– erfolgreichen Razzia vier Spielhöllen auszuheben
und in der Motzstraße 296 die Eheleute Krusis zu
verhaften, die dort gegen Eintrittsgeld eine
Nacktvorstellung gaben.

Sie waren beide heißen Blutes trunken, auch von
einem ausgesuchten Wein und von ungewöhnli-
chen Worten berauscht. Er rief sie Wiga, ohne ihren Nachnamen zu kennen. Aber spätmorgens, als
der Schlaf sie doch übermannte, betrachtete Gustav
lange und nahe die Falten in Wigas Gesicht und
das Tal zwischen ihren Brüsten und stand behutsam auf, um nackt und glücklich durch das Zimmer
zu wandern. Er liebte den geheimnisvollen Moder-
geruch, der aus Gasthofkommoden strömt. Er las
sieben Haarnadeln auf, die sich zwischen die Sofapolster verkriechen wollten. Und Wiga war wieder
erwacht, denn sie sagte: »Wenn wir jetzt stürben,
dann würde kein Mensch uns hier suchen.« Hierauf
stieg auch sie aus dem Bett, hoch und schlank, und
stellte sich hinter Gustaven und lugte mit ihm zum
Fenster hinaus auf den Kleinstadtmarkt, der für andere Leute unansehnlich, nun überdies vom Regen

verdüstert war. Und eine fast vergessene Stadt in weiter Ferne hieß Berlin.

2.

In einem Abteil der Ringbahn fand man eine ange-bohrte Zinnbüchse, die, wie festgestellt wurde, die Überreste des im April eingeäscherten Rennfah-rers Zierbold enthielt und vermutlich von einem ent-täuschten Dieb –

»Eintreffe 2 Uhr nachts Lehrter Bahnhof, Henkel-chen.« Selbstverständlich holen wir sie ab. Du, Gustav wirst ihre Koffer tragen. Solche Provinzler fallen immer Kerlen in die Hände. »Was für Kerle?« Alberne Frage! Schwindlern! Kerle, die das Gepäck abnehmen und damit verschwinden. Oder die Fremden in ein nahes anständiges Hotel bringen wollen und sie dann per Auto meilenweit in eine Kaschemme verschleppen, wo der Schofför mit unter einer Decke spielt und ihnen noch 50 Mark abknöpft, ehe sie im Schlafe ausgeraubt und erwürgt werden. Man liest es doch täglich.

Die Leute an der Haltestelle messen einander mit kalt kalkulierenden Blicken, wie internationale Ringkämpfer am Start. Und wartend präparieren sie Tricks, die man noch soeben durchgehen läßt. Warten vergiftet. Eine rumpelnde Bahn nach der andern wächst heran, schrumpft davon, die 46, 107, nochmals die 107, zum Donnerwetter! dreimal hintereinander die 107. Dann die richtige. Spitz strömt das Häuflein Nervöser in das Perrontor, wie Wasser in eine Gosse, siebt sich durch die Aussteigenden hinein, klemmt sich, preßt. Frau Purmann, von würdelosen Paketen umpuffert, rudert im dicksten Strudel mit Gesten einer Ertrinkenden, aber genau betrachtet: offensiv. Sie schimpft: Anfangs weinerlich, weil unbestimmt, allgemein über Empörendes, Unerhörtes, dann aber superior scharf über eine ungesicherte Hutnadel. Schimpft jedoch nur halblaut, denn Gustav, hinter ihr, wäre imstande zu kichern. Der Schaffner flucht rückwärts. Zurückbleibende knurren oder bellen dem überfüllten Wagen nach. Sozialistisch, wilhelminisch, anarchistisch. Daß er seiner grauhaarigen Gönnerin den Arm beim Aussteigen bietet, daß er den Hauptteil des sehnendehnenden kompromittierenden Gepäckes schleppt, versteht sich. Aber seine Grimasse faltet sich zunehmend ärgerlich, gleich einem Wurstzipfel. Und er keucht ihr hinterdrein durchs Gedränge, wie in einer Polonäse um Säulen herum. Schall und Rauch! Die alles zermalmenwollenden Autos tuten ohrenbetäubend und verpuffen ranzigen Buttergestank. Dabei haben die Schofföre rote, rüde, vergnügte Gesichter! – Frivol, unangreifbar, schadenfroh springt der Straßenschlamm ohne Unterschied alle Beine an. – Daß um diese Stunde vor der Passage ein Spalier von Zeitungsweibern betet: Abendzeitung, Ambdeitun Maria ..., benedeit ... Amd eit ..., so was entgeht Elfchen.

Sie rennt vorwärts, streckenweise in einer Art hinkenden Galopps, nicht mehr Dame, kaum noch Mensch; schneidet eine Diagonale durch die Kurse der Fahrzeuge und Fußgänger, durch witzige Zänkereien, wunde Melodien, groteske Ansprachen von Händlern und Bettlern. Kopfschüttelnd, andauernd wiederholt: »Nur 5 Gramm Kartoffeln und ich wäre glücklich!« – Alle Bettler heucheln. Aber einem davon schenkt Elfchen eine geborstene Zigarre von Heinz. – Wer nur arbeiten wollte, Arbeit ist genug da. Das Wort ist unter friedfertigen Bürgern aktuell; es beruhigt das Gewissen und legitimiert auskömmlich eine politische Tendenz. Nur Nörgler oder Idealisten suchen mehr aus dem Satz herauszusophistorieren. – Trunkenbolde rempeln an, Matrosen stechen freche Blicke in fremde Blusenausschnitte. Gemeine Bollemädchen beschimpfen sich ordinär vor einem Aschinger. – O, daß Elfchen einen langen Schwanz und an dessen Quaste ein drittes Auge hätte, um sich aus Distanz selber beobachten zu können, wie sie so blind brutal und häßlich dahinwütet. So kraxelten die Maikäfer durch meine Bleisoldaten. – Schauläden rufen an. Hier Hummer, Langusten, Ananas, Gänsebrüste, Blumenkohl, Trauben, indische Vasen mit Ingwer und große französische Birnen. So gefällig aneinandergehäuft, daß sattgespeiste Künstler es dankbar anstaunen, es aufsuchen wie eine Sezession. – Elfchens böse Blicke versengen sich an den Wucherpreisen. – Pompöse Blumenarrangements locken Ohs und Ahs heraus. Aber sie sind lange nicht so geschmackvoll wie in Bayern. – Man weiß, wie sparsam Elfchen einkauft. Sie ersteht ein Paar Schnürsenkel für eine Mark und spottbillige Schuhwichse und viele lieblichgelbe Keks für wenig schmutziges Papiergeld. Die Keks für Henkelchen. Man wird gemütlich einig schwatzen, ohne auf Widerspruch zu stoßen. Über Augsburg; wie ganz anders, unvergleichlich besser man in Augsburg lebte. – Vor geschminkten, auffallend behängten Frauenzimmern lacht Elfchen herausfordernd laut.

Gustav trägt einen der unzähligen revolutionären Teufel in sich, der immer heraus will, um im Wahne einer objektiven Gerechtigkeit zu protestieren, manifestieren, opponieren. Jetzt etwa zu rufen: Alle Straßenmädchen sind zunächst nett! Gustav gibt sich Mühe, den Teufel zurückzuhalten. Aber es verstimmt, wenn man unterdrückt, was heraus will. – Zu Hause wird Elfchen entdecken, daß die Wichse nichts taugt, daß die Schuhbänder wie Zwirn reißen. Das anspruchslose, rührende Henkelchen aber wird die Keks dankbar loben. Und zu Weihnachten wird Elfchen einem Kutscher Wichse und Schnürsenkel bescheren. Schenken und Geschenke nehmen, das ist eine Kunst, die … still, Teufel! – Alles ist Lug und Trug in Berlin. Zwischen »Hauptgewinn« und »50 000 Mark« übersieht sich das winzig gedruckte Wort »im Werte von«. Und die Wagschalen beim Kaufmann verstecken sich hinter Kisten, und die Wurst macht sich mit Wasser und der Kaffee macht sich mit Nägeln gewichtig. – Nächsten Sonntag darf Gustav bei Purmanns Gänsebraten speisen. – Gerade, als er sich verabschieden will, am Haustor, wo steht »Nur für Herrschaften«, biegt Herr Binding um die Ecke. Einem Phrasenwechsel ist nicht mehr auszuweichen, Herr Binding wettert über eine unkomplizierte Neuigkeit, Gustav gerät wie immer vor ihm in dürftige Verlegenheit. Herrn Bindings nachweisbares Ebenmaß ist mit Purmanns Gold so elegant gerahmt. Und wo der Schöne schon zu erkannt ist, um noch durch weisheitsdunkle Schweigsamkeit oder gesetzte Haltung zu imponieren, da behauptet er sich schmeichelnd oder taktlos unverschämt. – Gustavens Wirtin, Frau Grätke, schimpft vor ihrem Gemüsekeller unflätig über die Hunde, die einen Rübenkorb zur Nachrichtenvermittlung benutzen. Die Hökerin geht nie aus, ist schneckenartig mit dem Hause Nr. 70 verwachsen. Aber durch Fenster, Zeitungen und Ladenklatsch fluten ihr die Lokal- und Weltereignisse vorüber. Für Frau Grätke ist Schimpfen etwas wie Schnupftabak. Andere schimp-

fen aus andern Gründen; manche, weil sie die Großstadt nicht vertragen oder nicht begreifen.

3.

Perserteppiche, alte Gebisse, Gold, Brillanten,
Pfandscheine, Korken, Armeepistolen kauft oder
tauscht gegen Lebensmittel – Isidor Rosenmilk,
Spittelmarkt.

Das beschämende Trinkgeldwesen ist abgeschafft,
dafür der obligatorische Aufschlag eingeführt. Aber
vor Leuten, was sage ich, vor Baronen, wie Kehlbaum schwänzeln die Kellner devoter denn je. Denn
der pocht eisern jeden Samstag auf das Trinkgeldge-
ben wie auf seinen Stammsessel vis-à-vis dem »Für
Damen« und auf Fürstenberg-Auslese. – Herr Blasewitz (Glatze, bauchglattglänzend) fragt Kehlbaums
mitgebrachten Gast jovial: »Na, Herr Deeters, wie
gefällt Ihnen Berlin?« Wenn man den Kopf wegläßt,
sitzt Blasewitz da wie Napoleon nach der Schlacht
bei Leipzig. Der Livländer erwidert nur mit einem glücklichen Lächeln und einer Geste, etwa:
ach, klapp den Deckel drauf! Aber Kehlbaum schildert Deeters' Debut und die Botschaftersgattin, die
der Balte am ersten Tage im Café kennenlernte und
die ihn in eine elegante und vergnügte Sozietät ein-
führte. Daraus er tausend Jahre später blutig und

mit verschwommenen Reminiszenzen, aber ohne Brieftasche erwachte. Kehlbaum nützt die Gelegenheit, von eignen ersten Eindrücken zu berichten, von dem Denkmal am Schloß, das aussieht wie ein Bombenattentat, und wo hungrige Bestien über Bodengerümpel schreiten. Kehlbaum erzählt langsam, steif, zwischen schmollenden Lippen heraus. Wie er neben den adretten Noskitos, Noske-Soldaten, durch die Siegesallee marschierte, und wie sie und er so furchtbar erschraken über den gigantischen hölzernen Nußknacker Hindenburg. Und konnte sich dann gar nicht trennen von der Säule mit dem goldenen Engel im Unterrock. In Kehlbaums betriebsamem Stammlokal, in dieser Räucherkammer, gibt es außer Deeters keine Zuhörer. Der anständige expressionistische Maler Knauer verteidigt holprig seine unangegriffene Zukunft im Prinzip. Gustav atmet im Sinne einer nur halbseitigen politischen Polemik. Blasewitz redet jovial auf Edith ein, über schwach gesalzenen Kaviar, französische Küsse und Poularden von Le Lans. Edith raucht seine Ägypten, aber antwortet nicht, und niemand außer ihm spricht mit ihr. Aber wäre Edith nicht zugegen, jedermann würde das ansehnliche, treuherzige und trinkfeste Mädchen vermissen. »Wo steckt heute Noktavian?« – In der Lüderitzbucht; er knüpft Beziehungen an. – In den Strom Fürstenbergauslese münden Bäche erklügelter Schnapsmischungen. »Was soll werden, wenn die Quelle Fürstenberg einmal versiegt?« Vielleicht kommt es mit dem Staatsbankrott. – Jedermann, auch Noktavian, der bei Aufbruch erst eintrifft, will die Zeche bezahlen; Gustav, weil er weiß, daß letzten Endes doch Kehlbaum oder Blasewitz das erledigen werden; Deeters, den armen Kunstmaler, hat sein Stipendium aus Kopenhagen mit dänischem Gelde herübergeschickt, und die Valuta machte ihn auf dem Grenzfaden zum reichen Manne. – Man torkelt weiter, im Berliner Größenwahn neigen sich verschrobene Stirnen, grüßen Hüte, die einmal in München (oder war es in Paris?) ebenso flüchtig und geheimniseinig zuwinkten. Man gerät nach Polizeistunde in verbotene Bars, die nur eingeweihten Gentlemännern sich nach Geheimsignal auftun, und wo tanzende Nacktissen, siedende Musik einem unvermerkt teuren schlechten Sekt einflößen. Denn das geknechtete Berlin schlemmt und tanzt, wie man in Paris tanzte vor dem Geköpftwerden. Die Bürger schmunzeln sich morgens über Pulte hinweg zu: »Die Mark ist wieder gesunken; wir treiben rapid dem Abgrund zu! Schönes Wetter!« – Wie begeistert weiß Deeters Berlin zu rühmen. Manchmal versagen ihm plötzlich die Worte. Aber dann, viel anschaulicher vollendet er den Satz durch eine gewisse gewinnende Handbewegung, annähernd so, als striche er fein sanft ein Stäubchen vom Tisch. – Fürstenberg-Auslese mündet in ein tosendes Meer. Deeters und

Gustav fanden sich, küßten sich, reden sich fortan mit Du an. – Noktavian ist nüchtern zu einer sicherlich vorgenommenen Zeit entwichen. Vermutlich wird er noch mit Lupe, Riesenbrille und Fingerspitze auf der Landkarte nach Spanien reisen oder lesend einen Schiffsjungen nach Britisch-Honduras begleiten – »Knauer, streiten wir nicht! Du baust dein Leben in Überzeugungen, ich das meinige in Zweifeln auf.« – Aber Knauer fällt vom Omnibus. Deeters und Gustav springen ab, vergessen Knauern, fallen umschlungen immer wieder in Schneehaufen und schwärmen, sich wieder aufrichtend, umschlungen weiter von 1001 Nächten der Tauentzienstraße. Der baltische Hüne packt vorübergehende Männer am Arm und fragt seinen neuen Freund: »Gustav Gastein, soll ich den (oder die) für dich verprügeln?« Nein, danke, laß den harmlosen Soldaten, er hat uns doch nichts getan. Aber Deeters schüttelt erst nochmals sein Opfer. »Du?! Wenn Du ein Wort gegen meinen Freund Gastein sagst, dann –« Weit zurück folgt steif, mit langsamen Schritten, nörgelnd, Kehlbaum. Seitdem ihm zweimal ein silbernes Etui aus der linken Manteltasche gestohlen wurde, trägt er in der gleichen Tasche neben dem dritten Etui eine gespannte Rattenfalle. Überhaupt ist er etwas mißtrauisch. Er hat aber das andere Mißtrauen, das der freigebigen, zu oft ausgenützten Menschen, nicht das der berechnenden Geizhälse.

*– kürzlich vermeldete Attentat Unter den Linden
mit bolschewistischen Umtrieben im
Zusammenhang –*

»Ich schenke sie dir!« Hat er in Deeters' Ohr geflü-
stert, als er die keck überrumpelte Nuscha vom Ne-
bentisch heranschleppte. Frech für andere, so wurde
ihm schon mancher Erfolg. – Einfach fragen sie das
Mädchen aus. Tippmamsell in einer Firma für Woh-
nungseinrichtungen. Der Chef hat sie aus Ostpreu-
ßen hergelockt, ihr den wohlbezahlten Posten ver-
schafft, hat das staunende Kind zunächst einmal
städtisch eingepellt: Eine Modegarnitur für zwei
Mille. Nun trägt die Eigensinnige zu dem täglichen
bordeauxseidenen Kleide doch hartnäckig ihre alte
schmutzwollige – meinetwegen kleidsame – Dorf-
mütze. Dr. Mulatti will sie doch später heiraten,
soll sie heiraten. Denn er ist ihren Eltern befreun-
det, sendet wöchentlich Berichte nach dem Bauern-
gut, und die Antwort ist immer Butter und Speck.
– Nuscha ahnt nicht, wieviel sie einmal von den Eltern mitkriegt, und die Eltern ahnen wohl nicht, welchen Reichtum ihre Siebzehnjährige besitzt. – Nuscha, wir sind nur simple arme Künstler, besonders
ich, (Gustav spricht leiser) mein Freund wird einmal ein berühmter Maler. O, er ist ein lieber urgoldi-
ger Kerl, (wieder laut) hohe, reichere Kavaliere wer-

den sich an dich heranpirschen; gib reiflich acht, ob du nicht manches Gute, auch manches Bessere bei uns findest. – Nuscha füllt ihre Bureaustellung aus. Sie verabscheut ihren Chef, den Mulatten. Ihr gefällt Berlin. – Nach Geschäftsschluß speist sie zwischen Gustav und Deeters Gulasch zu vier Mark. Dort gibt es sogar noch weiße friedensmehlerne Schrippen, trotz Polizeiverbot. – Der Stacheldraht und die Polizeivorschriften wuchern derzeit. Aber Gewohnheit schwimmt wie ein Fischlein zwischen Korallen, und die Exekutive ist Knetgummi in goldenen Fingern. – Nusch, warum ließest du damals, ehe ich dir Zeichen gab, den älteren soliden Herrn abblitzen, der sich zu dir setzte? – Nuscha kaut mit schamlosem Appetit. »Weil er mir Geld anbot!« Bald unterläßt es Gustav, seinen Freund noch unauffällig herauszustreichen. Sie liebt ihn schon, den starken, trotzäugigen Balten, der so zart, fast ehrfürchtig über Frauen denkt, liebt ihn mit all seinen Ungeschicklichkeiten und seinem ungekämmten Haar. Vielleicht sogar fühlte sie längst heraus, daß er eigentlich in der Fremde treu verheiratet ist. – Deeters und Gustav äugeln sich zu: »Welch ein Mädchen! Welch ein seltener Fang!« – Still, weder langweilig noch gelangweilt, lauscht sie, wenn die beiden eine Stunde lang mit wenig Worten oder ohne Worte reden. Über die deutscheste Stadt: Russisch-Riga. Oder über das schmarotzende Straßenvolk in dem schmählich weltverhaßten Berlin. –

Sie legen verkrüppelte Beine über das Trottoir, und die Luft trägt ihre Gesänge wie lampiongeschmückte Ruderbarken dahin. Sie fiedeln, leiern oder würgen die Ziehharmonika; singen schöngeistig oder kläglich oder idiotisch. Jeder auf seine Art, eingestimmt, die kriegsverhärteten Herzen zu schmelzen. Und singen sie von der Festung Köln am Rhein, dann fallen ihre Geschwister summend mit ein, die Ohr verbrühenden Zeitungsschreier, die halbwüchsigen Schokoladeverkäufer, Seife, Zigaretten, die Streichholzkinder, die weißglutigen, schlangenhaft bannenden Dirnen. Alles, was an der Ecke und unterm Tunnel herumlauert. – Gustav erfindet allerhand Blödsinn. Wenn Nuscha lacht, macht sie erst den Mund ganz weit auf, wie ein Karpfen, dann, zwei Sekunden lang, überlegt und begreift sie das Spaßige, und dann folgt ein schmetterndes Silberlachen. – Das bordeauxfarbene Faltenspiel, die Strümpfe … bitte Nuscha, steig mal auf den Stuhl. – Sie gibt Gustaven einen Stüber: »Nein, du willst nur meine Beine sehen.« Warum auch nicht. Er weist durchs Fenster. Guck dir einmal die Straße auf Beine an. So wunderbar zeigt sich die Welt den Hunden. Nimm es lustig oder geil oder lärmend: Jede Teilbetrachtung überrascht und belehrt. Die Wissenschaft und die Statistik bedienen sich ihrer. Auch die Propaganda. Dann lassen die großen Geschäftshäuser abends ihre Schwärme von Briefen los, die beispielsweise alle nur zu den verstreuten Berliner Rechtsanwälten hinfliegen. So läßt sich eine bunte Wiese nur auf rote Nelken hin betrachten; so magst du auf einer Perlstickerei nur blau bemerken. –

Ungefragt wird Nuscha nie aus ihrem eignen Leben berichten. Etwa von ihrem Geschäft, wo doch die Kauflust parallel und verträglich mit der Preissteigerung ins Unermeßliche wächst. Denn die Leute hasten danach, ihr Geld in Möbeln, Brillanten, Autographen oder im Bauch vor Besteuerung und Wegnahme zu schützen. Deeters weiß keine bloßen Höflichkeiten zu sagen. Doch innig beachtet er die Kühle an Nuschas Haut und Wesen und das Erwachen in ihr, Raffinement, Fraueninstinkt, Kampf. – Gustav führt seine Freunde zu einer Entdeckung. Am Zoo ist eine Stelle. Da fährt die dunkelqualmende Stadtbahn über den menschensaugenden Viadukt. Fährt mitten in ein fünfstöckiges Mietshaus hinein, hindurch und an einer düsteren fensterlosen Häuserwand entlang, die riesig und seltsam gegen den Himmel absticht, der eigentlich zwielichtgrau und von sturmflüchtigen Regenwolken bedeckt sein muß. Damit das Bild heiße: »Großstadtelend!« – Unter dem Viadukt geigt jemand auf einer Metallsaite, die sich über Besenstiel und Zigarrenkiste spannt. Es tönt wie Cello. Er spielt und singt: »Das Band zerrissen und du bist frei …« Kehlbaum soll einmal nach dem Liede geschossen haben. – Deeters und Nuscha

Arm in Arm, Gustav umschwatzt sie. Denn das Gefühl für solche warme Dreisamkeit beherrscht ihn wie ein Rausch. Aber minutenlang vergißt er sie doch. Weil ein schmaler weißer Spitzenstreif unter nachtschwarzem Sammet hervorschimmert und wirkt auf Gustavens Blut wie Mondschein auf Ebbe und Flut. – Gustav, Nuscha, Deeters. Es fällt ihnen gar nicht ein, über das Gedränge in der Friedrichstraße zu schelten oder der trotzigen Schieberbarone zu spotten, und sie umgehen in heiterem Bogen zwei hitzig verhandelnde Juden, die den Weg versperren. Unterschiedliche Eindrücke aus dem von Zufall, Ort und Stunde gefärbten Menschengewoge bleiben an den drei Wanderern hängen. Es scheint, als ob der Siebzehnjährigen nichts entginge, obwohl sie niemals Erstaunen äußert. Später in der Hochbahn spricht Deeters eine Beobachtung aus, ungelenk, mit kargen Worten. Die strengen, düster zurückhaltenden Blicke der Deutschen fielen ihm auf. Er sagt: Es ist doch unbegreiflich schauerlich, daß all die Menschen soviel entbehren müssen, was anderwärts … Hör mal Deeters, wenn du heute abend mit Nuscha zu den Boxern gehst, dann bleibe ich lieber zu Hause. Ich muß Briefe beantworten, eine Frau von Sidow bietet mir eine Au-pair-Stellung auf dem Lande an. Ich müßte im Garten mit zugreifen und … Deeters winkt heftig ab. Du kommst auf jeden Fall mit uns.

5.

Cabaret »Rosiger Kürbis«, Fasanenstraße,
Treffpunkt der eleganten Lebewelt, Austern, Sekt,
erstklassige Weine, tadellose Bedienung, diskrete
Musik, hochkünstlerische Darbietungen: Bia Tartuffe
(Gazetänze), Fedora Sill (Lieder einer Verseuchten),
Bläschens Revoluzzerhüpfl (urkomisch).

Selbst überfleißige Vorgesetzte dürfen von Untergebenen keinen Überfleiß verlangen. Und mürri-
sches Wesen läßt sich durch Arbeitsüberfülle erklären, aber nicht entschuldigen. Doch wie sollten
Leute das einsehen, die nach der alltäglichen Arbeit ohne Buch und ohne ungelöste Frage schlafen gehen. Leute, die keine herbe Freundschaft
ertragen, also nur mit Lohndienern verkehren. –
Der Frau Purmann laufen alle Dienstmädchen davon. Unzuverlässiges, anspruchsvolles, undankba-
res Pack. So hält Elfchen die große Wohnung und
den komfortablen Haushalt eigenhändig in mu-
stergültiger Ordnung, hantiert geschickt, nervös
und emsig von früh bis spät herum. – Heinz Purmann, Immobilien und Hypotheken. Hochkonjunk-
tur. Häuser werden jetzt unbesehen telephonisch gekauft und der Chef: »Mein armer Mann arbeitet
sich zuschanden. Er ist so gut. Und er gönnt sich
nicht …« Nein, er gönnt sich nie die Zeit, um auch
nur einmal nachzuprüfen: Was tust du? Wie? Wozu?

Was tun andere? Ist der Vorteil des einen etwa der Nachteil des andern? Ließe sich das innere Gewissen vielleicht nach dem äußeren Erfolg bemessen? – Es stünde einem abhängigen Dichterling übel an, seine um 30 Jahre älteren Mäzene belehren oder tadeln zu wollen. – Als Elfchen Gustaven öffnet, prüft sie gleich seinen Anzug, bürstet seinen Rücken ab. Denn außer Henkelchen ist noch ein altes Frauchen zu Besuch erschienen. Gustav streicht sich vorm Spiegel die Haare glatt, was einem Versprechen gleicht, sich recht unkünstlerisch, recht solid und bescheiden zu geben. Welche Zeit! Dieses Berlin! Wo sind die alten Handwerker hin, die treuen Briefträger, die freundlichen Schaffner! Täglich Einbrüche, Mord und Totschlag! Keinem Herrn fällt es mehr ein, seinen Platz einer Dame zu überlassen. Und ein Gesindel treibt sich umher! Am schamlosesten treiben es die Weiber! Aber gar erst damals, als die Menschen gegen Menschen rasten und soviel Unschuldige getötet wurden, Elfchen hat während der ganzen grauenhaften Kämpfe stundenlang ganz verlassen allein in der großen einsamen unbewachten Wohnung gesessen und bei jedem Schuß gezittert und stundenlang geweint. Sie weint jetzt in Erinnerung dessen wieder. – Ach, Heinz ließ sich ja nicht vom Geschäft zurückhalten. Er hat kein Verständnis. Kann so lieblos sein, kümmert sich tagelang nicht um sie. Fragt nie: Hast du Kopfweh,

Halsschmerzen, Leibschmerzen, Migräne, Fußleiden, Gelenkentzündung, Sehnenerweiterung, Gerstenkörner? – Und nun tröpfelt der Honig … Kunsthonig … hernieder, der Elfchens armseliges bitteres Leben versüßt, für den sie lebt. »Ach, liebstes Elfchen, das halten Ihre Nerven nicht aus. Sie müssen ein paar Wochen nach Tirol.« – – Ich kann ja nicht. Wer soll denn für Heinz sorgen? Er ist ja wie ein Kind und rackert sich ab wie ein Lastpferd. Und ist so dankbar. Freilich sehr verwöhnt … – »Nein, wie Sie es nur möglich machen, Frau Elfchen!« »An alles denken Sie, trotz der Hüftschmerzen. Und immer rührend besorgt, andere zu erfreuen. Da mag Ihr Pflegebefohlener, Herr Gastein, sich wohl verwöhnen lassen!« – Herr Gastein erwacht bestätigend. Er hatte darüber nachgesonnen, ob sechs Liter dünnen Kaffees in drei Weiberbäuchen, beim Gehen ein plätscherndes Geräusch erzeugen. – Die Danaergeschenke für die scheidenden Gäste stehen bereit. Selbstgebackenes und ein paar Kragen, die dem Heinz zu eng sind, aber für den Bräutigam von der Schwester von Henkelchens Obsthändlerin immerhin … Elfchen holt vielgereiste Packpapiere hervor und zieht eine Schublade auf, darin tausend oftbewährte Schnürchen und Bindfäden unheilbare Darmverschlingung spielen. – Spät kehrt im Pelzmantel Herr Purmann stattlich heim, grüßt Gustaven königlich herzlich, läßt sich müde von Elfchen ein Bad herrichten und zwei Mitesser aus der Nase drücken, ißt wortkarg von der auserlesenen Abendmahlzeit und nickt wenig überzeugt, als Gustav anfängt zu berichten, was er für neue Schritte unternommen habe. Um endlich einmal eine feste Anstellung, irgendeine anständige, geregelte Tätigkeit zu erlangen, denn das Dichten mag ja nebenbei recht ... Elfchen legt ein großes Wort für Gustaven ein. Herr Purmann entnimmt seiner blühenden Brieftasche eine königliche Kleinigkeit und ist so taktvoll, sein Gute Nacht möglichst heiter zu wünschen. Denn innerlich sinkt seine Achtung, sowie sein Mitleid aufsteigt. – Während er badet, traktiert Elfchen Gustaven mit Süßwein und Schokolade und kaut. Und schon lockert sich in Gustaven viel angesammelter verhärteter Groll. Und weil Gütiges Gustaven geschwätzig macht, fängt er an, kindlichen Unsinn zu reden, auf den sie lachend eingeht. Das ist ihm die aufrichtigste Manier, sich mit ihr zu unterhalten. – Wie aus Treibhausluft tritt er ins Freie – es übermannt ihn wieder tieftraurig, daß er diesen nächststehenden Menschen gegenüber seine reinsten Gedanken in graue Lügen kleiden muß. – Wie sonderbar: Die waren einmal jung. Wenn Frau Purmann ahnte, wie ihr heute der Kosename Elfchen steht.

6

*Zu dem Artikel »Menschenfleisch in Ziegenleber-
wurst« erfahren wir von zuständiger Seite – – –*

»War es schön, Deeters? Habt ihr das Hotel gefunden?« – »Ach wunderschön! Sehr schön! obwohl es
zu nichts gekommen ist. Das brauchts ja auch gar
nicht. Wahrhaftig ein eigenartiges Weib! Dann ist sie
plötzlich ganz Kind. Und ich weiß nicht: vielleicht
bin ich ihr nur ein Spielzeug.« – Pünktlich hinter einer Riesenbrille nahen sich Noktavian und Nuscha.
Sie kehren von einer Weltreise zurück. Noktavian berichtet. Erst waren wir in Babylonien, Ägypten, Grie-
chenland. Dann wandelten wir unter Palmen. Dann
betätschelten wir das spiegelglatte nasse Zwergnil-
pferd. Dann schlichen wir ehrfürchtig auf den Zehen
durch einen Lesesaal der Wissenschaft. Stärkten uns
in China an Teegebäck. Guckten durch Bullaugen
zum Nordpol herum den Pinguinen zu. Und nun …
– »Ja nun seid ihr am Strande des Potsdamer Platzes«
– Genießen teure Schnäpse, das heißt: Noktavian darf
seiner Zahnschmerzen wegen nur ein Stück Torte
genießen. – Das Meer vor ihnen flutet und tutet, rat-
tert und knattert. – Autoreifen, Bahnpuffer, Pferde-
nasen und Deichseln greifen ineinander wie Zahn-
räder. Eine uralte Dame bittet einen Schutzmann, sie
nach dem andern Ufer zu geleiten. – Weißt du, Noktavian, diese Polizisten, das sind die Lotsen des Pots-

damer Platzes. – Gustav weiß, daß seine maritimen Vergleiche dem Freunde Vergnügen bereiten. – »Ja, Gustav, du wirst doch ewig der alte Hochseematrose bleiben. So mag ich dich leiden. Und schau, Nuscha, diese alte Dame war eine von den Mumien, die wir vorhin nicht betasten durften. Gewiß hat irgend jemand sie gekitzelt; da wachte sie auf und entsprang.« – Nuscha öffnet den Mund ganz weit, karpfenartig, sinnt zwei Sekunden lang, und dann gellt ein silberhelles Lachen. – Wir reisen weiter. In diesem Erdteil wird ewig ein unerforschtes Inneres bleiben. Noktavian proponiert ein Programm. Gustav unterbricht ihn: Nuscha, willst du dich einmal im Durchschnitt als Fleisch, Sehnen und Knochen betrachten? Oder irgendwo nebenan Frau Hempel singen hören? Man kann in Berlin auch im Sommer Schlittschuh laufen, und es gibt ein Lokal, wo ein Hummer 1000 Mark kostet. Und es gibt Leute, die dort hingehen, bloß um anzuschauen, wie Parvenus solche Hummer essen. Oder willst du auf einem Rummelplatz als Weihnachtsengel mit zehn dankbaren Kindern schwindlig durch die Lüfte quietschen? Oder reizt es dich, die Wand anzustaunen, hinter der unser Präsident schläft? Deeters stammelt: »Lassen wir uns doch vom Zufall treiben! – Erst mal irgendwo ein ordentliches Mittagsbrot essen …« – Ja, ordentlich essen, und wollen uns einmal vorsätzlich und bewußt ein wenig betrügen lassen. Noktavian verabschiedet sich; er hat noch mancherlei vor. – Was hat er denn noch Geheimnisvolles vor? – Vielleicht noch eine Reise nach Transnubien. Vielleicht will er dort Beziehungen anknüpfen. Er begeht nie eine Torheit. Er tut und sagt nur, was er zuvor exakt erwogen und gerichtet hat. Daß er sich von solcher Lebensweise Gewinn verspricht, das könnte das einzige Naive an ihm sein. Aber niemand versteht entzückender als er zu erzählen und Erzählungen zu lauschen. Alle neuen Frauen verlieben sich für einige Zeit in ihn. – Die Untergrundbahn reißt den Dreibund mit sich fort. Dächer unter ihnen, Keller über ihnen. Stelle dir vor, wie bei einer Entgleisung Hirn verspritzt. – Auf einem Umsteigeperron sehen sie sich das Miterlebte von außen an. Wie die eckige Gliederschlange herangleitet, stoppt, steht, Türen aufschlägt und wimmelnde Vielheit entlädt. So rieseln Korinthen aus gespaltenem Faß. – Gefällt uns das Meer, gefällt uns die Woge. Des wird man nicht müde: In die Massen zu staunen. Hätte es Nuscha vordem nicht verstanden, dort, derzeit mochte sie es lernen. Und nicht die tausend Menschen mit Auswüchsen und Einwüchsen füllen Berlin, sondern die Millionen, die durch alle Siebe fallen. – Sie wundert sich nicht, das rätselhafte Bauernkind. Sie nimmt auf, paßt sich unheimlich rasch an. Einmal stieg auch in Gustaven ein Mißtrauen auf. Sie wußte, was eine Nutte bedeutet. Wovon nahm sie diesen üblen Fachausdruck der

Dirnen? – Stadt ist Fels. Würmer nagten Löcher und Gänge hinein. Aber an aufgerissenen Baustellen, an den Wunden der Stadt und in den Oasen der Straße, den Raseninseln, wo Wallwurz und Löwenzahn wuchern, dort offenbart es sich, daß unter dem Stein noch Erde, feuchte Erde dünstet. Kalt und starr blickt die Stadt einem vorbei. Aber liegt ein blutiger Leichnam quer über die Schienen oder bei eines Schaffners Witz über einen Lehrjungen, der mit einem roten Farbtopf hinpurzelt … gelegentlich spürt man, daß unterm Asphalt das Herz der Großstadt schlägt. Leute, wie Heinz und Elfchen, zart besaitete, würden allerdings weitergehen: Ein Leichnam? Komm weiter! Ich kann so was nicht ansehen. – Sie schwimmen in der hilflosen Weite neuer Straßen, lassen sich von winkligen Felsspalten verschlingen, schauen über Geländer in Tiefen, steigen Stufen, schreiten unter Brücken durch, um Pfeiler und Streben herum. Die Wonne erfaßt sie, mit der Kinder im Wirrwarr eines Baugerüstes klettern. Jetzt Nuscha, werden wir uns noch wie Bücherwürmer durch ein für Kinder illustriertes Reallexikon winden, durchs Warenhaus. Du wirst noch alles haben wollen. Wir sind darüber hinweg. Abends wählen wir zwischen dem Theater in der Königgrätzer Straße und einem Kinofilm »Zur Dirne um ein Diadem«. – Nuscha kaut auf offener Straße Äpfel und schweigt. »Recht so, Nuscha: die alten Purmanns leben satt und bequem und haben, sieht man vom Gähnen ab, ihr Leben lang nie philosophiert.«

7

– – Mordkommission stellte Raubmord fest und beschlagnahmte einen Regenschirm und einen Handkoffer, der modernstes Einbrecherwerkzeug enthielt. Eine Belohnung von 10 000 Mark ist – –

Frau Grätke hat eben sein Bett geglättet, das genau ein Viertel des Zimmers einnimmt, da bricht Besuch herein. Gussi Feridell, Rostock, Warnemünde, einst tägliche, jetzt auswärtige Freundin, eine Kunstgewerblerin, die nicht mehr leidet, seit ihre drolligen Kaffeewärmer reißenden Absatz finden. Sie stellt ihre Berliner Freundin vor, ein Fräulein Anna von Camphusen. Auf der Durchreise begriffen, wird Gussi fünf Tage bei Camphusens wohnen. – Wollen gnädiges Fräulein bitte dort auf den weichen Stuhl … Der weiche Stuhl ist Herrn Gasteins Salon. Gussi erhält den hölzernen, dreiachtelbeinigen, und Gustav selbst will auf dem Bibliotheks- und Speisesaal, nämlich einer großen Palminkiste Platz nehmen. Aber es gelingt nicht. Erst müssen die Damen noch für eine Minute das Zimmer verlassen, damit er den Tisch umdrehen kann. – Feridell spricht noch wie die Luftbläschen in dem Aquarium am Zoo. Wie es ihm ginge? ... Gut? ... Na, na! ... Ob er fleißig schaffe ... Sie hat mit Anna Einkäufe besorgt ... Berlin ist gar nicht wiederzuerkennen ... Um 12 Uhr wird Mutter Camphusen beide mit eigener Equipage abholen. Auch Gustav soll mitfahren. Er ist zu Tisch zu Fabrikbesitzers geladen. – Ob er noch immer keine Frau gefunden habe. – Er scherzt verlegen. Das schmutzige Handtuch und zwei Aktstudien von Pfenninger lasten auf seinem Gemüt. Und nun bedenkt er noch die selbstgewaschenen Halsbinden am Bindfaden hinter dem Ofen. – Warum sie so braun wären? – Ja, er hat Malheur gehabt. Er hat sie zusammen mit Taschentüchern und braunen Strümpfen in Sodalauge gekocht. – Merkwürdig, Fräulein von Camphusen lacht kaum. Auch nicht über seine Winterfliege, Musca Kehlbaumi, nach einem Freunde benannt, der sie dressieren will. Aber einen hochmütigen oder prüden Eindruck machte Anna eigentlich nicht. Sie scheint mehr verdutzt ... Vielleicht weltfremd. – Ob das Licht den ganzen Tag über brenne? (Sollte ihr das elektrische Licht imponieren?) – Ja, den ganzen Tag. Es gibt viele Wohnungen in Berlin, die jahraus, jahrein niemals Tageslicht, geschweige denn Sonne haben. Und wenn ihre Bewohner sich sonntags mit einem Buch in den Tiergarten setzen, dann haben sie Rivieragefühle. – Er läßt sie aus dem Parterrefenster in den Hof blicken, den er so lieb hat, obwohl es eigentlich nur ein steinerner, verrußter Kamin ist. Aber aus dem Nachbarhofe ragen zwei Kastanienäste herüber, der eine über Fensterhöhe; der spielt, wenn ein Lüftchen weht, mit tausend grünen Fingern auf unsichtbaren Klavieren. Den unteren Ast schützt eine Planke vorm Wind. Seine gespreizten, geschichteten Blätter nehmen sich aus wie ein Teppichmuster, das in die dritte Dimension spukt. Manchmal, nachmittags stellen sich fremde, große Frauen in den Hof und singen ganz laut, ohne sich zu genieren, das Lied: »Das Band zerrissen und du bist frei«, dann wirft man Geldstücke in Papier gewickelt in den Hof hinunter. – All das scheint Fräulein von Camphusen gar nicht zu rühren. – In Gustavens Flucht von einem Zimmer verirrt man sich nicht. – Frau Purmann hat einen großen Öldruck hineingestiftet, die bekannte Reiterstatue, deren Namen man stets vergißt. Midships im Zimmer steht der Kleiderschrank. Öffnet man dessen Tür, so werden aus Gustavens einem Zimmer zwei Zimmer. – Hohe gediegene Stiefel trägt Anna von Camphusen, sie schmiegen sich glatt und sauber um die runden Beine. – Was für Beine! So gediegene Beine! Aber sie könnte jetzt doch einmal ein gutes Wort finden. Plötzlich träumt er von einem gebatikten Lampenbehang, der an die aufregende bunte Bühne auf einem Bilde von Weißgerber erinnert. – Gussi fragt treulich: »Weißt du noch, wie wir morgens auf der Anlegebrücke frühstückten?« – Genau weiß ich's.

Wir legten die Butterbrotpapiere auf die Mole nieder, neugierig, was der Wind mit ihnen anstellen würde. Manche trotzten. Andere überschlugen sich zweimal und schliefen dann ein. Wieder andere glitten schwankend, stockend vorwärts, wie eine landende Krähe oder wie ein windentführter Regenschirm. Und jenes eine, das nach langer Bedenkzeit auf einmal unaufhaltsam davonrutschte und einem weißbehosten Popo glich, und darauf nun das kleine, zerknautschte Papier eifersüchtig hinterdrein kullerte ... was haben wir gelacht? Daß die wichtigen Zollbeamten über uns und wir wieder über die Zollbeamten lachen mußten. – Auf Frau Grätke und die Nachbarn wird die Equipage aber ihre Wirkung nicht verfehlen. Für Gustaven ist es dieserzeit keine stolze Wonne, durch Volk zu fahren. Er späht auch nicht etwa nach Bekannten aus, die ihn zufällig bemerken und dann weiterberichten möchten. Außerdem weiß der städtische verkünstelte Geschmack Ledergeruch und Kommißstiefel überhaupt nicht richtig zu würdigen. – Auch Frau von Camphusen hat bei aller Liebenswürdigkeit jene sonderbare Zurückhaltung an sich. Die Villa ist im Vorort gelegen, hat Einfahrt, Vestibül und Etagen mit vielen Spezialräumen. Aber die Bilder an den hohen Wänden weichen den Blicken aus. Der auserlesene Wein macht Gustaven redefroh, bis er gewahrt, daß Gussi und Anna seine wachsende Freimütigkeit besorgt verfolgen. – Einmal, als der sympathische alte Herr Gustaven zutrinkt, »es freue ihn stets, wenn ein Vaterlandsverteidiger sich in seinem Hause wohlfühlt …«, geht ein warmer Hauch durch den Speisesaal. Aber Gustav hat Schnupfen und vergaß sein Schnupftuch. Und ins Gästebuch, das man ihm vorlegte, schrieb er endlich: »Das Leben …« (»ist« wäre schon bedenklich viel behauptet). – Nun fragten sie ihn, was das heißen soll. Camphusens tun recht daran, so geradeaus zu leben und zu fragen. – In seiner Bude, die ihm Untertan und vertraut ist, legt Gustav den steifen Kragen ab und vergräbt sich behaglich geborgen in sein Bett. Wenn er hustet, brummt ein Geist in der Matratze mit. – Der Wasserhahn überm Waschtisch hält nicht dicht. Der Gummi taugt nichts. Deutschland ist ja heruntergekommen. Nun tropft es die ganze Nacht hindurch tropf … tropf … als ob jemand im Hofe Teppiche klopfe. Oder, wenn man noch fester andreht, als ob draußen jemand vorbeiginge, der zum Bahnhof will. Und schließt man mit äußerster Kraft, dann wird es ein Schutzmann, der auf und ab geht. – Alle äußeren Sorgen zerfielen mit eins, wenn sie seine Frau würde; in Ruhe könnte er schreiben und Gutes tun und sie glücklich machen. – Wieder fällt ihm der Lampenschirm ein und eine kluge, nebenbei (sehr, sehr nebenbei) auch wohlhabende Frau, die alles versteht, der man alles sagen kann. – Am Freitag wird Gustav die Anna und die Gussi spazieren führen. Wird es auch mit ihr so werden, wie es mit den andern war? Daß sie in einer weichen Stunde dann seufzt: »Könnte ich dir doch etwas sein!« Und dann vollzieht sich allmählich kältend, stetig, das Durchschauen. Sie hat nie einen eigenen Gedanken, nie eine Überraschung. Oder ist sie nur Weib. Oder unordentlich. – Das Durchschauen möglichst hinauszuschieben, darauf käme es vielleicht an. Jenes reizvolle Fremdsein genießen wie wunderstarre, kalte Sternennacht.

8.

*– – zusammengebundene Leichen, die gestern
aus der Spree gelandet wurden, die Zwergin Kosanko
aus der Skalitzerstraße 210 und der wegen
Sittlichkeitsverbrechen mehrfach vorbestrafte
Rechnungsrat B. rekognosziert.*

Mein Privatehrenbürger von Berlin,

deine Billigung, der ich sicher war, bringt mich wieder in Form. Denn Purmanns hatten mich im Mörser ihrer Geringschätzung mit dem Vorwurf der Unbeständigkeit total zermürbt. Dabei ahnte Elfchen nicht, daß ich außer den Fett- und Sahnetöpfen sogar noch eine reiche Bauerswitwe ausgeschlagen hatte, die Gutspächterin. Was brauchen unsere Frauen von unserer Kunst zu verstehen, Deeters? – Ich ließ mich

von der blanken Bäuerin in die Schweineställe ein-
führen, wo es zur Fütterung klingt wie tausendfältig
Rülpsen nach Kakao. In Kuhduft und Sonne schmolz
das Nikotin, wurden die Nerven sanft, und ich lachte
in der Hängematte über die kinoartigen Bewegungen der Hühner. Eine Sau schlief im Hof. Die Fliegen hatten ihr blutige Wunden hinter die Ohren ein-
gefressen. Ein kühnes Küken sprang auf die Sau und
pickte die Fliegen weg; ich habe gezählt: In einer
Minute 72 Fliegen, also in der Stunde 4320, also im
Jahre?! – Nachts, denn dort stieg man durchs Fenster aus und ein, besuchten wir das Birr-Grab in der
Heide. Denn dort gibt es Mondenschein und Rehe
und Sturm. – Wir sind auch Boot gefahren. Und dabei habe ich das einzige tiefere Erlebnis gehabt. Nicht
mit der Bäuerin. Die war albern, unecht. Aber Gänse
beknabberten ein Paket, das auf dem Flüßchen trieb.
Als ich die nasse Hülle neugierig aufzupfte, enthielt
sie Druckbogen einer Kolportageschrift, immer wieder nur die Seiten 22 bis 29, und zwischen den mittel-
sten, ganz trocken gebliebenen, hing ein abgerissenes
Stück vom Titelblatt, darauf noch zu lesen war: liner
Roma. – Da habe ich nachgesonnen, wie das Paket
in das Flüßchen geriet, und das schien mir nun ein
Geheimnis. Ein Geheimnis auf dem Lande, wo man
sonst alles übersieht und um jedermanns Treiben
weiß. Und was bedeutet liner Roma? Da fehlt was
vorn und was hinten. Ich hab' mir's ergänzt »Berli-

ner Romane«. Berliner Romane haben meist keinen ordentlichen Anfang und kein rechtes Ende. (Übrigens die Nuscha war auch mir nie wieder begegnet. Sehr schön so. Eine Erinnerung wie Jasmingeruch.) – Wohl war zwei Stunden von Sidows ab ein Städtchen zu erreichen, grünlich getüncht und mit verborgenen Turmspitzen. Auf dem Kirchhof im Efeu liegen Steintafeln wie gestaute Eisschollen, und umgitterte Gräber wie Schiffe. Darüber schatten fruchtbare Birnenbäume, gedüngt von Toten der achtziger Jahre. Ich aber sehnte mich nach einem Zeitungskiosk, der die neuesten Beine von Tanzsternen zeigt und die semmelheiße Nachricht bringt, daß in Tokio vier Kasernen brennen. – Frau von Sidow haßt die Großstadt, die sei hart und scharfig wie Austernbank, Gehäuse an Gehäuse. Erzählt Frau von Sidow von den Streiks oder den Straßenkämpfen im Zeitungsviertel, dann sollen ich und die Hausdame mit den Köpfen nicken, wie Omnibusschimmel. Da hab' ich gesagt, es sei gar nicht so schlimm gewesen, immer nur zwei Tote.

Und die Löcher in den Mauern habe man andern Tags wieder zugegipst. – Das hat aber meine adlige Brot-, Bett- und Ofenherrin arg verstimmt. – Andermal, weil sie mich in den Wald bestellte, fragte sie: »Nicht wahr, Sie lieben doch auch die Natur?« Da hab' ich gesagt: »Nein.« – Danach lernte ich nicken.

Nur noch einmal, mit einer scheuen Saatkrähe, habe ich über das aufgestocherte Berlin gesprochen; von den schreienden Rednern erzählt, über 100 Milliarden von Hüten, und von den Matrosen auf Panzerautos, die die Häuser erbeben machten. Vom sektsaufenden Pöbelmund, den öffentlichen Diebesbörsen. Das ganze große Erheben. Das behält seine Farben in meinem Gedächtnis. – Ich half im Garten graben, und wenn die impulsive, despotische, freundliche Jüdin auf dem Piano oder Tennis oder mit fremden Sprachen und mit all und jeder Kunst und Wissenschaft spielte, wurde ich zugezogen. Was fehlte zu ihren Millionen? zu ihren guten Büchern und Bildern? zu ihren traumschwarzen und pelzweichen Augen? – Sie wußte ganz tief verschwommen zu philosophieren. Aber ich saß dabei wie ein Klotz, sehnte mich nach Leuten, die ihren Geist verstecken. Nach einmal Betrunkensein im Panoptikum und nach täglich neuen verblüffenden Plakaten, statt des albernen Mohren mit Malzextrakt. Zwar hatte mir Frau von S. aus freien Stücken 50 Mark Taschengeld zugesagt. Aber das Schweinefliegenzählen ermüdet. Und wer mag auf die Dauer immer zum Fenster hinausspringen. Und laß Birr begraben sein. Und so fing ich an, mir eine manierliche, entblüffende Kündigungsrede einzustudieren. So im Sinne Noktavians … »Wie der Matrose sich immer wieder hinaus aufs tobende Meer sehnt … wie es der Deutsche, der einmal in

Afrika gelebt hat, nimmer lange in der Heimat aus-
hält … wie die Zigeuner …« – Aber dann, eines Tages, diese Rede völlig beiseiteschiebend, bin ich ganz
plump mit den Worten herausgestolpert: »Entschuldigen Sie, morgen reise ich ab.« – Und nun umgau-
keln mich wieder die Möglichkeiten Berlins. Nur du
fehlst.

9.

Welche edeldenkende, energische robuste Dame
verhilft jungem kriegsverarmten Manne zu einem
Paletot? Heirat nicht ausgeschlossen.
A. 16 Exped. d. Bl

»Aber Herr Gastein, es fängt an zu regnen.« – Doch
er zeigt ihnen Gestalten, hübsche und häßliche und
die unsicheren und speziell die komischen. Die Fels-
blöcke mit summenden Grotten sind ihr bekannt aus
Vaters Fabrik. Auch die Schreibstuben, darinnen es
hagelt wie Maschinengewehrfeuer bei den Liliputs. –
Da! Dort! Dieser Eckstein! Jene technische Straßen-
warze! Oder hier die Mauernische! Daran schlendert
man so vorbei, aber nachts haben diese Dinge vielleicht Bedeutung, spukhafte oder grausige Bedeutung. Nachts kichert, rauscht und knistert es allenthalben. Und im Spuk werden dann zur Bühne alle
die verwunschenen Winkel, wo tags die Hunde hin-

pink... – »Herr Gastein, es regnet!« Um so besser. Das schwemmt wieder Billiarden von Großstadtbazillen in die Schleusen. – Wer sitzt dort unter der Litfaßsäule? Für wen halten Sie den? Den Mann? Nun, das ist ein armer Stiefelputzer! – Ganz bestimmt nicht, aber vielleicht ein reicher Stiefelputzer oder ein Detektiv auf Posten. – Sie lesen dahinwandernd links und rechts Firmen. Und Fundbüro, Leihamt, Akademie, ... XII. Oberrealschule, Verein für ... Auf jeden Berliner kommen sechs öffentliche Einrichtungen, ohne die Bedürfnisanstalt ... »Mein Kleid ist hin. Ich bin total durchnäßt.« – Blicken Sie auch mitunter nach oben. Dort ganz oben, dem lieben Gott und dem Mars viel näher als wir, wohnen unlegitime Fürsten, ohne Gewissen, ohne Ehre und ohne Würde. Denn waren es aristokratische Hausbesitzer, die neulich ihr Kommando zur Française bewunderten, so werden es andere Leute sein, die ihnen morgen mitleidig ihre Unterhose abkaufen. – »Das verstehe ich nicht: Fürsten ... Unterhose?« – Nun, junge Leute sind's ... sie suchen sich aus Lügen herauszulügen. Und manchen gelingt es, aus Leinewand, Kohldampf und grauen Haaren ... Gold zu kochen. Kluge Leute, die wohl wissen, daß erreichtes Ziel luxuriösen Stillstand bedeutet und daß dann vergötterter Krebsgang folgt. Aber doch hetzen sie sich 24 Stunden qualvoll theaternd ab, um für einen antiken Bronzeleuchter 10 Mark zu erbetteln. Und nachts liegen nackte oder buntumhüllte Nuschas auf ihren Tischen und trinken Allasch aus Eierbechern, ebenso auf Berühmtheit gefaßt wie auf Pfändung. – Fräulein von Camphusen spricht nur mehr mit ihrer Freundin. – Gussi will versöhnen. – Dort oben zweiter Stock, zweites Fenster von links, hinter den erstklassigen Pensionsgardinen verbrennt ein gespannt lauschender Feinmechaniker Briefe, Kofferadressen, Gegenstände ... Morgen will er reich sein. Gestern hat er eine Witwe erdrosselt. – »Wen? – Wieso? – Woher?« – Ich weiß es nicht aber ... man liest es doch täglich. – »Höre Gustav«, sagte Feridell, »nässer werden wir doch nicht, wollen wir nicht endlich ...« – Gut. Er führt sie in dunkle, bemalte Hausflure, über halsbrecherische Stiegen, in Hinterhöfe und überraschende Durchgänge. Dort im Stockwerk fädeln und stechen junge, verkümmerte Mädchen tagaus, tagein, bis sie spitze Nasen bekommen und auf einem sauren Sparkassenbuch sterben. Die Direktrice geht nächste Woche mit einem phantastischen Hochstapler durch. – Dort sind auch Junggesellenwohnungen und Aftermieter-Boudoirs, die man einmal nachts wie ein Dieb betritt und nie wiederfinden würde. Später besinnt man sich auf einen Bärtigen, der im Schlafrock vorlas aus »Die Bienenfabel oder der Nutzen der Privatlaster für das öffentliche Wohl« ... – Anna ist verstimmt. – Indem Gussi vermitteln will, bekennt sie sich restlos offen zu ihm. Das rührt ihn. »Dein abscheuliches Berlin! Wie ganz anders, wie schön war es damals dort auf der Mole … –« – Ja Gussi, es war dort so schön, weil wir es hier ähnlichen Menschen erzählen oder verbergen würden. – Im Spaßmachen, Unsinntreiben, da hat seine rege Phantasie leichten Sieg. – Wenn man Bauchreden erlernte, könnte man sich selber Rätsel aufgeben und beantworten oder sich mit sich streiten. – So gewinnt er Annen zurück. – Ihnen rollt ein Schlachterwagen vorbei, der eine Kuh am Strick nachzieht. Sie muß Trab laufen, das Euter schwabbelt lächerlich hin und her, und sie glitscht auf dem spiegelnden Asphalt häufig aus. – Auf dem Lande drehen sich die Leute nach einem englischen Offizier um. Die Berliner wenden ihre Köpfe nach einer Kuh oder nach singenden Spaziergängern. – Anna hält die Kuh für ein abscheuliches Tier, wegen der Kruste. Worauf Gustav es für denkbar erklärt, daß eine halbtaube Frau jetzt einwerfen könnte, die Kruste sei gerade das Beste. Alle drei lachen noch in der Konzertloge. Das Parkett ist wie ein Kohlfeld mit Köpfen bedeckt. Schlüge man sie ab, sie fehlten morgen nicht im öffentlichen Gewimmel – Gustav träumt nachts vorsätzlich von Anna. Auch wachend redet er sich Verliebtheiten vor, deutet es andern gegenüber an. Und Elfchen schenkt ihm eine neue Krawatte und ermahnt ihn, die Gelegenheit zu nützen, nicht so freie Reden zu führen, sich natürlich und bescheiden zu benehmen. – Pah! – Als er noch Matrose war, hatten ihn die Mädchen an den Küsten lieb, weil er sich anders und lustig gab und nicht berechnend, sondern nur flüchtig, vorübergehend erschien. –

Cecilie: Aber doch interessant?

Anna: Ja, wollte mit uns in einem ganz fremden Hause durch die Bodenluke aufs Dach klettern. Um uns die Berliner Alpen zu zeigen, mit Gärten auf Holzzement und Gletschern, wo manchmal wilde Jagden stattfänden, bei denen herrliche kühne Verbrecher erschossen würden.

Cecilie: So sind die Künstler …

Anna: Ja, aber manchmal so merkwürdig, fast unheimlich. – Ich glaub' er ist nicht ganz richtig. – Ich fürchte mich vor ihm.

10.
Amtsgericht I erläßt ein Aufgebot hinter 20 Verschollenen, deren Todeserklärung beantragt ist.

Nur plaudern, das kostet ja nichts. Im Gegenteil, dann möchte sie noch Bohnenkaffee und Gebäck mit ihm teilen. Die Hure Biela. Und das auszuschlagen, erfordert Überwindung von ihm, dem Hungergeschwächten. – Wie ein von Märchen Entrücktes lauscht sie seinen traurigen Gedichten, schreibt sie dankbar in ein fettes Heft. Er sagt sie auch innig und echt her; liegt doch hinter ihm eine stundenlange bekümmerte Wanderung durch die Straßen, die er kennt, die ihn nicht kennen. – Man hat sein Drama abgelehnt. Eine halbe Minute oder die Laune eines Lektors, oder einer Gottheit weiser Beschluß zerpflückte ihm das Werk eines Jahres. – Annemarie hat sich von ihm losgesagt, einen Tag bevor seine besten Schuhe barsten. Erbärmliches Leder. – Arbeitern wich er aus, die Schokolade kauten oder Grogdünste, Geldgerüche aushauchten. Ahnt keiner von ihnen, daß das, was in Hauffs Märchen unsere Brust bedrängt und uns Güte ausweinen läßt, daß das heute unter Liftboys leben kann, vielleicht jetzt augenblicklich in der Kakadubar vor der Tafel mit den Renndepeschen zu finden wäre. – Wer nur arbeiten will, Arbeit ist genug da. Herr Purmann hat das über ihn geschüttet wie heißes Blei. Aber Purmanns wissen es nicht besser. Das Glück hängt vom Gewissen ab, aber das Gewissen vom Verstande. – Schuld, Irrtum, Glück, Zufall, Verantwortung … Lauter durcheinandersiedende Moleküle – Noktavian hat eine Anstellung gefunden. Er besucht vornehme Kundschaft, um Beiträge zu sammeln für ein nationales Privatunternehmen. Viele honorige Stellungslose werben so für ähnliche Vereine unter hohen Protektoraten. Sie betteln erstaunliche Summen zusammen, aber doch nur so viel, daß es gerade die honorigen Spesen der Ehrenamtlichen deckt. Nun kann Noktavian wohl reisen und Beziehungen anknüpfen. – Liebenswürdige Freunde von Gustaven, begabte jüdische Kollegen der Literatur oder Kunst, wußten sich auch durch diese Zeit scharf denkend und beharrlich höher zu schrauben; ließen hier einen überflüssigen Brocken Ehre fallen, zertraten dort unauffällig einen anständigeren Ringer. – Und denen, die Ruhm und Gold besitzen, nähert sich behaglich der Zufall und segnet sie. Und was uns vorzustellen gelingt, das sind wir auch. Brave, unverantwortliche Soldaten zerfleischen darüber brave, nur geistig anspruchsvollere Brüder. – Und die Gewinnenden? Was gewannen sie? Wer ist heute wahrhaft zufrieden? Oder doch? Oder nein? – Deutschland wurde gar zu arg geschüttelt. – Und wie's kam und wie's auch noch kommen sollte, du, bleierner Gustav, wirst immer auf dem Grunde bleiben. Die Offiziersschärpe und die Kriegsorden anlegen und dich bettelnd in der Wilhelmstraße aufstellen. Nein, das darfst du nicht. Denn du triffst hin und wieder doch anständige Kameraden und besuchst doch zuweilen den feudalen Klub, wo getreue, zum Teil kriegsverstümmelte Helden dauernd Kinder mit dem Bade ausschütten und einem eitlen, beschränkten Götzen huldigen, der sich aus dem Staube gemacht hat. Außerdem werden dir gewiß schon andere mit dieser Idee zuvorgekommen sein. – Denn Berlin ist ja so hoffnungslos abgegrast von der schlingenden niedertretenden Vielheit. – Die Bourgeois? Auch du gehörst ihnen wohl an, den tatenlosen oder den kurzsichtigen oder den steif dummen oder den heimlich zufriedenen Scheinbellern. Und die Radikalsten? Ideale erfüllen sich nie, aber unter wirren Umständen die Taschen. – Und die Verbrecher? Vergreifen sich an den Mittleren und Kleineren. Denn die Tiergartenstraße schützt der Staat, es ist seine Straße. Der Staat ist fett gemästet, ernährt sich nur mehr von jungen, zartesten Gemüsen. Wenn ich Präsident wäre, ich würde … Geschwätz! – Woge prallt gegen Woge. Wurde mir die Seefahrt doch leid? Ich bin ein verbrauchter Süßwassermatrose, der sein Leben auf dem Lande beschließen möchte. – Die Hochsee hat ihre Wunder, aber in die Tiefe muß man tauchen, sie zu heben, und man kehrt dabei leicht nicht wieder zurück. Andere bescheiden sich, dringen an der Oberfläche rasch vorwärts. Noch ein anderer erhängt sich. Der läuft nur einen Knoten und erreicht doch am ehesten das Ziel. Das wäre etwas für dich, Gustav. Und deine paar Habseligkeiten alle testamentarisch dem einen Freunde vererben, daß die Verwandten und Mäzene wenigstens einmal stutzen würden: »An diesem Deeters muß doch etwas sein …« – Man plaudert mit ihnen. Immer das gleiche. Unter diesen Mädchen gibt es mitunter noch Altangesessene und auch eine gewisse Kultur in Berlin. – Man weiß im voraus, was Biela antworten wird. – Wie sie sich ihre Zukunft ausmalt? Sie wird mit Ersparnissen ein Blumengeschäft gründen oder Zimmer vermieten, entweder als Kupplerin oder an anständige Herren. – Sie sind gemütlich und ehrlich, solange man an dem barschen Kontrakt nicht rüttelt. Sie bieten dir heute nervenpeitschenden Kaffee und morgen tödliches Gift. – Beiläufig, in ausgelassener Festgesellschaft antwortete Elfchen einer Frau Rat mit komischem, fast rührendem Stolz: »O, als Heinz mit mir in Paris war, damals haben wir auch oft drei Tage und drei Nächte hintereinander durchbummelt ...« Wer verdient das Leben? Alle andern sind schuldbeladen. Ich, Gustav, bin der einzige anständige Charakter. So aussichtslos ... so hoffnungslos ...

11.
– – die Nummer des Autos war nicht beleuchtet.
Die Leiche wurde dem Schauhause zur
Obduktion überwiesen.

Wollte jemand Gustaven bei Deeters denunzieren, sprechend: Er hält auch vor dir Geheimnisse zurück! – Deeters würde lächelnd abwinken. Klapp den Deckel drauf. – Zwei Stammgäste trinken peinlich kritisch Weiße. Der alte Herr von der Filmbranche bietet dem Herrn Schneidermeister ein Prise an. Dieser ruft dem Kellner etwas zu in dem Dialekt der achtziger Jahre von Kölln jenseits der Spree: »Max, juckeln Se man los mit ihren ollen Zossen ...« – Ein kleiner bärtiger Herr nimmt eilig an diesem Tische Platz. »Vergeben Sie«, kichert er, »wenn ich ehrliche Fußnote in die 22. Zeile Ihres Vorworts einfalle. Sie sind der richtige Berliner, in Berlin die zweite Auflage. So was erschien wohl anno 79 bei Hermann, aber was bedeutet es heute? Bestenfalls reiste der Großvater zu und der Enkel verzieht morgen.« Der Sprecher legt Geld auf den Tisch, löffelt die Erbsensuppe in sich hinein und entfernt sich. »Der scheint etwas Manoli zu sein.« – Gustav aber schlendert durch die Nacht, darin, von dunstigen Gespenstern überhuscht, Lichter hängen. Hohe bleiche Monde, ordinäre Butterblumen, an den Stationen aufregend rote Augen über Blutpfützen oder grüne Augen. Und über den Straßen dahingleitend, goldstreuend, der um eine andere Welt wissende Blaufunke. – Wie Gustav gekleidet ist, zu allem fähig, nichts gegen ihn einzuwenden, bemerkt er zufrieden, wie die Geheimpolizisten und andere Spione ihm ratlos nachblicken. Er kennt sie besser, die Strengen wie die Bestechlichen. Im Keller der Bananenliese oder unter der Falltür der grauen Frau öffnet sich ihm, dem bescholtenen Ringkämpfer, vertraulich die Chronique scandaleuse. Es würde aber seine wundersamen Privatstudien unnötig beeinträchtigen, wenn er Bielas Zuhälter anzeigte. Dagegen kommt ihm der Ruf zustatten, den er sich erwarb, als der internationale Dreadnought Kanarienschorsch niederboxte. – Gustav hustet grimmig ein paar seifige Zwitterjünglinge vom Bürgersteig. Und schnackt ein wenig mit dem alten Fuchswolf, der nachts mit einem Knüppel einen Schirmladen bewacht und nebenher geheimen Handel mit amerikanischen Zigaretten und Nacktphotos treibt. Er tauscht einen Witz mit den Droschkenkutschern am Halleschen Tor, läßt sich von Nora neue Anekdoten über Perverslinge erzählen. Und schaut zum hundertsten Male zu, wie ein junges, aber reifes, dralles Mädchen mit einem Puppenwagen den bettelnden Rumpf wegfährt, der allabendlich einige Stunden an der Planke lehnt, wo die parteipolitischen Aufrufe angeschlagen werden. – Im rauchigen Keller von Lutter & Wegner mischt sich Artist Gustav al Ratschild unter eine bezechte Gesellschaft falscher Offiziere und falscher Schauspielerinnen. Da quirlt Lustigkeit aus dem vollen heraus. Denn es kommt den Kavalieren nicht darauf an, der Abortfrau Lewandowsky, die aus Exkrementen russische Zustände und noch Angenehmeres prophezeit, einen Fünfzigmarkschein zu schenken. Und die Damen stecken dem Oberkellner noch höhere, geheimnisglatte Gelder zu. Und jemand bietet Gustaven 200 Mark an, wenn er nur in ein Telephon spräche: »Hier Vorsteher Günther. Der Wagen soll am dritten Gleise warten.« – Niemand außer Gustaven hört in dem Lärm, wie Hoffmann leise an der Wand kratzt, an der Stelle, wo früher das historische Bild hing. Gustav verläßt den Keller, springt drei Schritte rückwärts, weil Murr quer über den Weg huschte. – Und drei Stunden lang für ein verschwiegenes Honorar ist er damit beschäftigt, ein vornehmes Haus in der X-Straße dauernd zu verlassen. Jedes Mal prallt er mit einem Herrn im Pelz zusammen, der dann ruft: »Pardon, die Zeit macht einen nervös.« Jedes Mal antwortet Gustav dann: »Eine Nase läßt sich immer wieder drehen.« Und geleitet die Herren ins Parterre, wo ein Kügelchen über schwarze und rote Felder hüpft. – Gustav, der Chiromant, trinkt bei einer alten Hexe Whisky aus einer Napfkuchenform und unterhält sich flüchtig durch ein sulfurisches Sprachrohr mit Clamur, Machandel und Pipo. – Gustav hinkt. – Hinterm Reichstagsgebäude steckt er den falschen Bart in die Tasche. Ein Irrsinniger spricht ihn an. Ob der Schuß am Hundekehlensee schon gefallen sei? – Gustav nickt, wandelt tief Atem schöpfend weiter, dorthin, wo keine Laternen leuchten, unter die Bäume am Kanal. Lehnt sich übers Geländer und blickt in das tintenartige Fließen. – Als die letzten Schritte eines wankelmütigen Mädchenjägers verhallen, wird es dort unheimlich still. – Gustav summt: Es schwimmt eine Leiche im Landwehrkanal. Reich sie mir mal her, aber knutsch sie nicht so sehr. Dann lauscht er, strengt seine Augen an. – Eine

Leiche treibt langsam näher. – »Es schließe sich der Ring!« – »Völlig!« antwortet eine Stimme, die Leiche bremst. Gustav stößt einen Bootshaken in ihren Leib und langt sie damit heraus. Es ist Pinkomeier. Er begleitet Gustaven trällernd, trällert das Lied vom sublunarischen Wandel. Dabei redet er Dummheiten, die morgen vergessene Weisheiten sind. Und Gustav notiert sich einige kluge Bemerkungen, um sie morgen als wirren Blödsinn zu verbrennen. – »Mehr Humor, Gustav, Ataraxie auch im Verrecken!« sagt Pinkomeier. »Du läßt dich vom ersten Eindruck erwürgen. Krieche stumm in die Dinge hinein; alle, die empörendsten, sehen innerlich ganz natürlich fleischfarben aus. Und ob in der Mühle die unterste Bohne bevorzugter sei als die oberste, die bis zuletzt den andern auf den Köpfen tanzt …? Pah, gehupft wie gesprungen! Studiere du unbekümmert weiter und glaube mir: Es ist kein so großer Unterschied zwischen der Bibel und dem Berliner Adreßbuch.« – Im Morgendämmern, wie etwas ganz Sonderbares, erhebt sich Vogelgeschwätz. Die Spatzen, die Nachtigallen der Stadt. Wovon ernähren sie sich in dieser brotlosen Zeit? Wovon ernähren sich … – Ein hackender Schritt ertönt, vom Echo der andern Seite geprügelt. Arbeiter mit klappernden Kannen eilen. Dicke Bündel farbloser Röcke schleppen Gemüsekörbe zur Markthalle. Das Volk der Angestellten schwärmt aus, Sklaven. Pedanten, die das Ende ei-

nes selbstgekauften Bleistiftes erleben. Bleich, kurz-
sichtig gewordene Mädchen. Ein gewisser, beinahe
familiärer Kommunismus des Kontorlebens bewirkt
es, daß sie mit einer Art Heimatgefühl in die kahlen
Büros ziehen. – Müde, ohne ein Nachthemd einzu-
wechseln, sinkt Gustav in den süßen Eintagstod. Aus
der Matratze brummt Pinkomeier Gute Nacht. – Nur
einmal, kurz aus dem Schlaf erwachend, schaudert
es Gustaven, als er Licht in seiner Stube bemerkt und
einen bloßen Arm gewahrt, der aus dem Türspalt des
Kleiderschrankes herausragt.

12.

L. F. Café Josty Freitag, Adresse wiederholen,
wichtig Sporendank, Zürich entschlossen.
Vorsicht Postl. 27, Amt 12.

»Heh! Heh! Pst! Wiga!« – Er springt einen kühnen
Satz vom Autoomnibus. Das lernt sich hier. »Ich
habe Eile, aber ein Stück begleite ich dich.« Wie geht
dir's Gustav? »Manchmal … heute … hat Berlin einen Himmel. Ich bin dabei, meine Schulden zu bezahlen und zu schenken. Mein Drama ist honoriert,
ein guter Freund von mir hat es …« Du hast viele
gute Freunde? – »Mehr Freundinnen.« – Ich träumte
gestern von dir, Gustav. In der Kirche. – »In welcher?
Es sind ihrer viele hier, manche so verbaut, daß man

jahrelang täglich vorbeigeht, ehe man sie hinter Plakaten, zwischen einem Kino und einem Palast der Lebensversicherung entdeckt. Auch richtige Gebete und zauberstarke Frömmigkeit gibt es hier.« – Übrigens Gustav: Ich bin verheiratet. Willst du morgen bei uns essen? Notiere unsere Telephonnummer ... –

Es ist eine andere, eine kleine, kluge Frau, die Rotweingläser auf den sauberen Tisch zwischen den beiden parallelen Räkelpolstern stellt. Und selbst nie sentimental, doch gut, treu, zieht sie Kösters rührsame Spieluhr auf – Miezko, lasest du mein Manuskript? – Ja, manches verstehe ich nicht. – Muß man denn, kann man alles verstehen? – Nein, aber warum verschüttest du die Schönheiten? – Trüffeln stecken immer tief im Dreck. – Aber, Stävle, ich bin doch kein Trüffelschweinchen! – Nein, ich schreibe doch auch kein Dreckchen. Es sind Fetzen, aus Zeit und Ort herausgerissen, nicht die gute alte Zeit, nicht Gulitzsch an der Wipper ... Das Band zerrissen und du bist ... Ach, Miezko, ich bin heute so glücklich. Ich habe mich von Purmanns losgesagt. Nein, nicht jetzt, da ich für acht Tage Seligkeit bei mir habe, sondern vordem, als ich keine Kohlen und kein reines Nachthemd mehr besaß. – Aber Stävle, so, wie du mir die Leute gelobt hast, war es vielleicht doch etwas ... – Nein, Miezko, ich log dich an zu Purmanns Gunsten, als ich erkannte, daß ich mich selbst belogen hatte, und daß Purmanns mich oder sich selber belogen hatten. Und ich bedankte mich, wo sie danken mußten, und steckte beschämt ihre Vorwürfe ein, wo ihr graues Haar … Soll ich mich um eine Erbschaft verkaufen? Ach, sprechen wir von anderem! Was erlebtest du inzwischen? – Miezko entzündet eine kleine Laterne mit Butzenscheiben und läßt die gebatikte Bühne von Weißgerber verlöschen. Vier schwache Strahlenbündel pendeln über merkwürdige Kupferstiche, über ostfriesische Möbel und keramische Niedlichkeiten. Frauenbeine schimmern durch ein warmes Violett. – »Es waren mancherlei Besucher bei mir, um ihre Sehnsucht nach München auszuschütten.« – Nach München jener Zeit. Jetzt lebt es sich stärker, gesünder und schneller in Berlin. Hier tröstet die Vielheit der Erscheinungen und Erlebnisse … »Ja, Stävle, ich habe auch wieder Romane erlebt, seit du …« – Man entgeht ihnen nicht. Wir erleben sie, hören sie, lesen sie aus Zeitungen, Büchern, und selbst noch in der einsamsten Zelle auf den Oktavbogen, die wir vom augenspießenden Draht abreißen. Und sie kreuzen sich und verwirren sich wie die Bindfäden in Elfchens Schubfach. – »Kehlbaum hat hier eine halbe Flasche Cordial Medoc über Berlin verschimpft, das keine Kultur habe.« – Nein, wenig. Es ist Fremde, unübersehbare, unerschöpfliche offene See, also Weg, nicht Platz. Nur nicht als Wrack dort liegen bleiben, wo es verebbt oder zerschellt. Zuweilen landen, sich träge wonnig erholen, aber dann wieder hinaus. Hindernisse überwinden, ums Leben kämpfen, alle Sinne stets wach und gespannt, denn Strudel und Strömungen locken und drohen. Hinaus, um in der massigen Einsamkeit zu leiden. Woge um Woge, Moment um Moment. (Gustav küßt die Hände seiner Freundin.) Du verstehst mich. Man muß Berlin visionär genießen. – (Sie streichelt sein Haar.) – »Ja, es ist Meer. Manche reisen herbei, um sich darin zu baden oder auch nur zu waschen. Andern gelüstet es nach abenteuerlichen Fahrten. Manche müssen untergehn.« – Prosit Miezko! Wenn der Frühling die städtischen Anlagen beehrt, dann stehl' ich mir einen Zweig, daran zarte gelbe Wollwürstchen hängen, die duften wie: Alles wird einmal wieder gut. – Und die Sonne weckt paradiesische Seligkeiten aus kahlen Kalkwänden. – Miezko will antworten. Da poltert die Tür schreckhaft, und auf der Schwelle steht ein eleganter Neger, der einen Muff und eine Handgranate …

Matrosen
Aus einem Skizzenbuch

Wie kommen sie zur See?

Galeerensträflinge einst. Darüber mag man nach-
lesen. Noch im achtzehnten Jahrhundert wurden
beliebige junge Burschen gewaltsam zu Matrosen
gepreßt. Benjamin Franklin hat empört dagegen geschrieben. Die allgemeine Wehrpflicht bei uns vor
dem Weltkrieg, bei andern Ländern noch heute, liegt
nicht so weit davon entfernt.

Es ist nicht lange her, daß auch bei uns in
Deutschland noch junge Leute von geheimen Agenten überredet, »eingetränkt«, »vershanghait« wurden.

Die legitimen Agenten, die sogenannten Heuerbase, waren zum Teil auch recht fragwürdige Exi-
stenzen. Sie knöpften den Eltern fünfhundert Mark
ab und häuften dafür eine seemännische Ausrüstung
auf den Ladentisch. Davon imponierten besonders
ein blauer Anzug, Seestiefel, Ölzeug, Südwester und
ein Lederriemen mit langem Scheidemesser, imponierten wenigstens dem zur See gehenden Jüngling.
Und den Eltern versprach man, ihren Sohn schnell-
stens auf ein großes eisernes Vollschiff zu bringen,

wo er unter bester bewährter Fürsorge in kurzer Zeit eine glänzende Karriere machen würde.

Aber nachdem meine Eltern Hamburg wieder verlassen hatten, kümmerte sich mein Heuerbas nicht mehr um mich und ließ mich wie andere Neulinge verlottern. Erst nach langem Drängen schickte er mich als Frachtgut nach Le Havre und dort auf eine kleine verwanzte Holzbark unter ein reichlich rohes Schiffsvolk. Nachdem ich später in Zentralamerika von diesem Schiff desertiert war, weil ich mehr Schläge als Essen bekommen hatte, wurde ich richtig vershanghait. Auf ein mexikanisches Kriegsschiff, von dem mich allerdings die englische Geheimpolizei bald wieder herunterholte, nicht in meinem Interesse sondern in dem meines bisherigen Kapitäns.

Heute werben Kriegsmarinen. Bei den Handelsmarinen sind Leute, deren Väter und Urväter schon Seeleute waren. Sonderlich auf den Fischerbooten in Salzwasser und Süßwasser.

Viele Leute melden sich freiwillig zur Kriegsmarine oder zur Handelsmarine, oder die Eltern schicken sie zwecks Erziehung dorthin, »damit sie sich erst einmal ein Jahr lang etwas Wind um die Ohren blasen lassen.« Diese haben nicht gutgetan, haben etwas ausgefressen. Jene sind heimlich von zu Hause ausgekniffen, oder es treibt sie Ehrgeiz oder Abenteuerlust durch Phantasie und Lektüre aufs Meer. Sie alle erleben bald Enttäuschungen. Die meisten von ihnen kehren reuig zurück oder satteln in irgendeiner Ferne um. Die wenigen, die aushalten, haben es schwer. Höfliche und respektvolle Worte gibt es nur am Start und Ziele der Seemannslaufbahn.

Den Neulingen gegenüber

sind die alten Seeleute unerbittlich streng.

Ich denke dabei nicht an die Kriegsmarine noch an gewisse Zivilschulschiffe, wo die Schiffsjungen zwar auch straff, aber unter Aufsicht von ihrerseits kontrollierten Berufslehrern oder Offizieren doch in humanerer Weise ausgebildet werden. Nein, ich rede von den anderen Segelschiffen. Denn wer die Seemannskarriere ergreift, muß vor allem erst jahrelang auf Segelschiffen lernen. Sonst wird er später nicht zum Steuermannsexamen zugelassen.

Die Matrosen dieser Segler sind hartherzig. Mit offener Verachtung behandeln sie besonders die Jünglinge aus dem Binnenlande, die weder Platt verstehen noch jene einfachsten, allgemeinen Schiffskenntnisse mitbringen, die jeder Wasserkantler besitzt. Wenn solche Landratten gar noch mit einem Stehkragen antreten, Milchgesichter aus feinem Hause sind – wehe ihnen! Ihre höhere Schulbildung, ihre höflichen oder gar vornehmen Manieren werden ihnen ebenso verübelt wie körperliche Schwächlichkeit. Diese »Fünfhundertmarksjungen« erwartet eine harte Schule an Bord.

Es gibt keinen Unterricht in dieser Schule. Die Jungens müssen sich alle Kenntnisse, alle Griffe heimlich absehen, ablauschen, und solange sie im praktischen Dienste versagen, straft man sie und beschimpft man sie, wobei es gar keine Rolle spielt, ob sie fünfzehn, siebzehn oder dreißig Jahre alt sind. Sie sind eben Schiffsjungen.

Das grausame Kielholen hat man abgeschafft. Aber im Winter zehnmal hintereinander über die Toppen entern zu müssen, das heißt: durch das vereiste Tauwerk bis zur Mastspitze und auf der andern Seite zurückklettern zu müssen, ist auch eine peinvolle Angelegenheit.

Unter dem christlichen Kapitän Pommer wurden wir Boys mit Tauenden und Fäusten, ja sogar mit Eisenstücken geschlagen und mit Fußtritten traktiert.

Dazu kommt der kalte, wortkarge Spott und der rohe, oft grausame Spaß der Matrosen.

Sie zwingen den seekranken Schiffsjungen, einen Hering zu verschlucken, daran sie ein Garn gebunden haben, um den Bissen nachträglich wieder herauszuziehen.

Aber wenn diese Jungens durchgehalten haben, dann haben sie auch viel und gut gelernt. Und hinterher sind sie dankbar für ihre rauhe Erziehung. Auch ich bin heute der Schläge auf der »Elli« froh.

Nur eins verzeihe ich dir nie, alter, wohl längst verstorbener Kapitän Pommer: daß du mir in Westindien den Kognak verweigertest, um den ich dich bat, weil ich darin – in Ermangelung von Spiritus – eine Tarantel und sieben Skorpione konservieren wollte. Du glaubtest meinen Schwüren nicht und sagtest: »Nein, Seppl, nachher säufst du den Kognak doch aus!«

Auch mit geistig Minderwertigen, mit beschränkten Kameraden treiben die Schiffsleute recht derbe Scherze.

Auf einer Spanienreise haben wir einem schwachsinnigen Heizer nachts, als er schlief, Leim über den Bart gegossen, was freilich auch komische Wirkungen ergab. Und denselben Heizer beredeten wir, daß er auf der Rückfahrt seine eingekauften Apfelsinen und Feigen und manchmal sogar seine Brotration in den Kettenraum warf, um einen Gorilla zu füttern, den wir angeblich gefangen und dort eingesperrt hatten.

Wenn die Matrosen mit offenen Worten oder mit Gewalt nicht zu ihrem primitivsten Recht kommen, dann geschieht es wohl, daß sie jemandem heimlich einen Tort antun.

Auf dem Dampfer Florida stellten wir nachts Laternen an Deck, um fliegende Fische anzulocken.

Der geizige Kapitän Nacari stand frühzeitig auf und sammelte die fliegenden Fische vom Deck und ließ sie sich braten und gab uns nichts ab. Fortan kamen wir ihm zuvor, schnitten die Flügel von den Tieren ab und banden sie an Holzstückchen, die wir liegen ließen. Die Fische verzehrten wir selber heimlich.

Kapitän Nacari ließ uns eine hundsmiserable Verpflegung zuteil werden. Wenn ich unbeobachtet von ihm über Deck ging, und seine Hühner liefen gerade frei herum, dann warf ich die Arme hoch und rief auf deutsch, welche Sprache niemand außer mir verstand: »Alles, was Federn hat, fliege hoch!!« Dann flogen die aufgescheuchten Hühner hoch auf und blind, wie sie sind, direkt ins Wasser.

Zweimal erlebte ich auf Segelschiffen, daß die Matrosen dem Koch, weil er schlecht kochte und Mannschaftsproviant unterschlug und weil Prügel daran nichts änderten, den äußersten Ring vom Herde stahlen und über Bord warfen.

Aber im Grunde sind Seeleute weder rachsüchtig noch nachträglich.

Äquatortaufe

Geistigkeit gibt es bei ihnen nicht, wohl aber zuweilen gesunden, simplen Humor. Ihre derben Späße sind zum großen Teil überliefert.

Sie reichen dem Schiffsjungen ein Fernrohr, zwischen dessen Gläser sie vorher ein Haar gespannt haben. Er soll ausschauen, ob der Äquator schon in Sicht wäre. Mancher Junge sieht ihn.

Und dann werden die getauft, die den Äquator noch nie zuvor passiert haben. Alle möglichen hinterlistigen Gebräuche kommen dabei in Anwendung, und der Schiffsführer darf nichts dagegen einwenden, sieht auch, gleich den anderen Offizieren, gern schadenfroh zu.

Der junge Herr Zahlmeisteraspirant muß wohl oder übel hinter einer lebenden Sau in einen langen Segeltuchschlauch kriechen. Dann halten einige Matrosen den Schlauch hinter ihm zu. Andere richten durch die vordere Öffnung einen Wasserstrahl auf die Sau, die dann zurückprallend mit dem Herrn Zahlmeisteraspirant kollidiert.

Auf großen Passagierdampfern gestalten sich die Zeremonien noch umfangreicher und pompöser. Da spielt das Einseifen und Rasieren mit einem riesigen Holzmesser, spielen Nixen mit breiten Schultern und seltsam rauhen Stimmen eine große Rolle, und der leibhaftige Neptun steigt aus dem Wasser an Bord.

Zum Schluß stellt der schreibkundigste Matrose schwitzend und wichtig dem Täufling das Taufzeugnis aus. Er schreibt mit den schwieligen Händen unorthographisch den altübernommenen, mühsam auswendig gelernten Text, den alle Matrosen unterzeichnen und den der Steuermann zum Schluß mit dem Schiffsstempel versieht.

Gefahren und Strapazen

Äußerste Disziplin, Umsicht und Kaltblütigkeit sind erforderlich, um auf den einsamen Schiffen den Gefahren, Beschwerlichkeiten und unberechenbaren Zufällen zu begegnen.

Wie mannigfaltig diese sind, davon erhalten wir schon ein kleines Bild, wenn wir einmal die allgemeinen Beförderungsregeln auf den Konnossementen (Ladescheinen) der Schiffahrtslinien durchlesen. Es heißt da unter § 11: Der Reeder ist nicht verantwortlich für Schäden, Einbußen und Verluste, die verursacht sind durch:

1. höhere Gewalt, die Gefahren der See, Feuer, Explosionen, Kollisionen, Strandungen und alle anderen Schiffahrtsunfälle,

2. Feinde, Seeräuber, Barratterie, Beraubung, Diebstahl (es sei denn, daß die Beraubung oder der Diebstahl durch die Schiffsmannschaft begangen ist), Arrest oder Verfügungen von hoher Hand, Werfen oder Nehmen, Ausräucherung, Desinfektion oder sonstige Sanitätsmaßnahmen behördlicher Art, Meuterei, Boykott, Streik und Aussperrungen,

3. Platzen oder Explosion von Dampfkesseln oder Rohrleitungen, Brechen von Schäften oder Lösch- und Ladegeschirr oder irgendeinen Fehler am Schiff, dessen Zubehör, an den Maschinen oder Kesseln und Zubehör (es sei denn, daß ein Fehler die Ursache ist, der bei Antritt der Reise unter Anwendung der Sorgfalt eines ordentlichen Verfrachters erkennbar war),

4. Ungeziefer, Ratten- und Wurmfraß, Rost, Schweiß, Zersetzung, Schwinden, Bruch, Hitze, Regen, klimatische Einflüsse, Oxydation oder aus diesen Ursachen entstandene Folgen, Landbeschädigung oder irgendeinen aus der natürlichen Beschaffenheit der verladenen Güter oder der mangelhaften, schwachen oder vorschriftswidrigen Verpackung, mangelhaften oder unvorschriftsmäßigen Adressierung, Bezeichnung oder Markierung, Verwischen oder Verschwinden der Marken, Nummern, Adressen oder Bezeichnungen der verladenen Güter entstandenen Nachteil, auch wenn zu dem Eintritt oder der Vergrößerung solcher Schäden, Einbußen oder Verluste, rechtswidrige Handlungen, Nachlässigkeiten, Irrtümer oder Fehler des Lotsen, des Schiffers, der Schiffsbesatzung oder anderer Personen, deren sich der Reeder zur Erfüllung seiner Verpflichtungen bedient, mitgewirkt haben. Der Reeder ist berechtigt, die in diesen Fällen etwa entstehenden Havariegroße-Beiträge von den Beteiligten zu fordern.

Herzlos ist die See und sind ihre Wetter. In den Runzeln und Falten alter Seemannsgesichter kann man's lesen.

Nur zähe Naturen halten den Seemannsberuf aus. Allerdings ist die stete Bewegung in freier Salzluft die beste Abwehr gegen Krankheiten. In vielen Fällen haben sogar schwere Krankheiten an Bord sozusagen sich von selbst geheilt.

Die harte Arbeit stählt den Körper. Auf See gehen die Matrosen meist Wache um Wache, vier zu vier. Das heißt, sie haben vier Stunden Dienst und dann vier Stunden Schlaf und das abwechselnd so weiter durch Tag und Nacht. Aber in die Schlafzeit fallen ihre Mahlzeiten und ihre privaten Verrichtungen.

Der langbefahrene Seemann, der sich mit Ersparnissen rechtzeitig vom Berufe zurückzieht, um sein Leben an Land zu beschließen, erreicht meist ein hohes Alter.

An Bord sterben wenige eines natürlichen Todes. Das Seemannsbegräbnis auf hoher See, da man den Toten in Segeltuch einnäht und ins Meer versenkt, ist kein häufiger Fall.

Aber Unwetter und Unglücksfälle aller Art drohen den Matrosen. Das Wasser hat keine Balken, und die Haifische haben Hunger. Alljährlich verschlingt die See zahllose Opfer. Daß die meisten Matrosen nicht schwimmen können, hat damit kaum etwas zu tun.

Ein armselig tapferes Volk sind diese Matrosen.

Auf Walfischfängern, auf Fischerbooten, auf Seglern und Dampfern.

Kitsch und Sentimentalität

Es ist begreiflich und berechtigt, daß Leute eines so schweren und lebensgefährlichen Berufes sentimental sind.

Ihre Sentimentalität äußert sich bescheiden, wenn auch meist geschmacklos. Aber was können sie dafür, wenn die Hafenphotographen sie zu pompösen Stellungen überreden und sie vor die unwahrscheinlichsten oder läppischsten Hintergründe rücken.

Eine große Industrie lebt von dem Kitsch, den Matrosen sich kaufen. Andenken aus allen Städten, in Muscheln, Samt, Perlen und Spiegelglas. Öldrucke und Ansichtskarten mit Wehmut triefenden Abschiedsszenen, süßen, neckischen Mädchen oder mit wildromantischen Wellengräbern »Seemannslos«.

Damit schmücken sie ihre Koje liebevoll aus. Denn diese Koje, die nicht viel größer und anders ist als ein Sarg, bedeutet ihnen ihr eigenstes Heim.

Was sie selbst an Bord in ihrer kargen Freizeit mühselig und peinlich exakt anfertigen, aus Kork, Perlen, Segeltuch und Tauresten, jene Buddelschiffe, jene Rettungsringe mit dem Schiffsnamen, Fußreiniger und Handtaschen, das sind kümmerliche, unkünstlerische Arbeiten, die aber als Geschenke, denn nur dafür sind sie gedacht, doch wohl immer an die richtige Adresse kommen und dann erfreuen und geehrt werden. Dazwischen gibt es aber auch Seeleute, die die entzückendsten Schiffsmodelle anfertigen oder Hängematten und andere praktische Sachen zu knüpfen verstehen.

Erinnern wir uns ferner jener Reservisten, die im Binnenlande lustiges Aufsehen erregten, wenn sie nach dreijähriger Dienstzeit mit meterlang herunterhängenden Mützenbändern, mit verziertem Spazierstock und bunt bemalter Feldflasche stockbetrunken singend in die Heimat zurückkehrten.

In ihren Tätowierungen spielen vor allem Glaube, Liebe, Hoffnung – Anker, Herz und Kreuz – dann auch Schlange, Sonne, Dolch und andere primitive Embleme eine Rolle. Das stechen sie einander ein mit Nähnadeln und chinesischer Tusche in Schwarz und Rot. Manche lassen sich auch ganze Landschaften, Mädchenköpfe, freche oder unanständige Bilder ins Fleisch stechen. Auf die Brust, in die Arme, auf den Popo, ganz gleich wohin.

Hätte mir in meinen jungen Seemannsjahren ein geschickter Kamerad den Antrag gemacht, mir einen schönen Stern auf die Stirn zu tätowieren, ich hätte das ohne Bedenken angenommen. So trage ich nur an dem Oberarm Tätowierungen, und schon diese wurden mir ein wenig fatal, als ich später, mit knapper Not zur Offizierslaufbahn zugelassen, zusammen mit anderen Offiziersaspiranten und Vorgesetzten zum Baden ging. Obwohl man bei Reserveoffizieren der Kriegsmarine häufig Tätowierungen antrifft.

Etwas echt Rührendes klingt aus allem Kitsch, aus aller Sentimentalität der Matrosen, klingt aus ihren Briefen und aus ihren Liedern.

Ihre Verpflegung

Essen und Trinken spielen eine Hauptrolle in ihrem Leben, infolgedessen auch in ihren Gesprächen.

Sie werden an Bord wahrlich nicht verwöhnt, zumal nicht auf kleinen Segelschiffen, wo der Kapitän die Länge der Reisezeit nicht voraussehen kann und schon deshalb zu einer vorsichtigen Rationierung des Proviants gezwungen ist, andererseits aber auch aus persönlicher Gewinnsucht großes Interesse an Sparsamkeit hat.

Windstille in tropischen Gewässern läßt die Schiffe wochenlang, ja monatelang treiben. Das Salzfleisch verdirbt. Der Hundekuchen – Hartbrot oder Schiffszwieback – verrottet. Maden kommen hinein, und die Katze hat sich daraufgesetzt. Denn eine Katze oder einen Hund, oder einen Papagei oder einen Ameisenbär, irgendein Tier hält sich jedes Schiff.

Auf Dampfern, die Stückgut geladen hatten, bohrten wir wohl, wenn der Hunger uns allzusehr plagte, gelegentlich heimlich eine Kiste an und noch eine und immer noch eine, wenn wir in all diesen Kisten zu unserer Enttäuschung nur Seife fanden.

Schlimmer noch, wenn das Wasser knapp wurde. Wenn pro Tag pro Mann nur noch eine Tasse voll »zum Waschen und Trinken« verausgabt wurde, denn bekanntlich ist Meerwasser zu beidem nicht zu gebrauchen. Aber das Waschen gab man dann leicht auf. Bis endlich ein Regen einsetzte, den wir mit flach gespannten Segeln auffingen. Das gesammelte Wasser begann in der Tropenhitze freilich sich bald zu beleben und zu stinken. Aber man trank und wusch sich und seine Wäsche. Oft hat das häßliche und gefährliche Krankheiten zur Folge. In Liverpool besuchte ich einen großen eben eingetroffenen Segler. Dort an Bord waren nach einer weiten Reise nur noch drei arbeitsfähige Leute, alle anderen an Skorbut erkrankt oder gestorben.

In der Beziehung sind unsere modernen Schiffe heute hygienischer ausgerüstet, und sind auch die entsprechenden Gesetze verbessert.

Ein Freund von mir, ein gelehrter Vogelkenner, haßt die Seeleute, und zwar nur, weil er gelesen hat, daß portugiesische Matrosen im siebzehnten Jahrhundert auf der Insel Mauritius die Riesentaube Dronte ausgerottet, nämlich restlos aufgefressen haben. Aber doch nur aus Hunger, lieber Freund. Wer kann von Fingernägeln und Salzwasser leben!

Ich muß an den Eskimo Nanuk denken. Dessen rauhes Tagewerk von einer Filmgesellschaft an Ort und Stelle aufgenommen wurde. Man erzählt sich, daß die Filmoperateure nach der Aufnahme diesen Nanuk nach New York mitnahmen und daß er sich in wenigen Tagen zu Tode gefressen hätte. An den herrlichen Speisen, um die man dort nicht kämpfen, noch stundenlang wandern, lauern oder frieren muß. Die tragische Geschichte mag wahr sein.

Sind sie fromm?

Im kirchlichen Sinne gewiß nicht. Dem Seemannspastor, der sie kurz nach der Landung im fremden Hafen besucht und zum Gottesdienst einlädt, geben sie zur Antwort, ein Pfund Rindfleisch wäre ihnen lieber.

Die in das christliche Seemannsheim einkehren, sind arme stellungslose Matrosen, die sich dort aufwärmen oder eine Bohnensuppe profitieren wollen. Mit düsterem Schweigen ertragen sie es, daß sie dafür unverständliche Lieder singen, Gebete sprechen und uninteressante Vorträge anhören müssen.

Matrosen sind abergläubisch. Der fliegende Holländer, Klabautermann und andere dämonische Wesen und Gespenster sind ihnen heute nur noch Kindermärchen. Aber fast jeder Seemann führt sein Amulett oder einen Fetisch mit sich. Ich besinne mich auf einen russischen Matrosen, der einen lästig großen Backtrog seiner Großmutter auf allen Reisen als Talisman bei sich behielt.

Viele haben ihre speziellen abergläubischen Angewohnheiten. Daneben gehen allgemeine Regeln. Kein Schiff läuft ungestraft am Freitag aus. Ins Kapitel Aberglauben gehört auch der goldene Ring, den manche Leute im Ohr tragen und der sie vor Augenkrankheiten schützen soll.

Matrosen fluchen wie die Türken. Vielleicht fluchen die Türken wie Matrosen. Die fluchen »porco madonna!« und »God damned son of a bitch!« und was nicht alles. Aber das besagt nicht viel. Beten habe ich noch keinen gehört. Aber Ertrinkende, Sterbende riefen: »Jesus Maria, meine arme Anna!« oder: »O Gott! O Gott! O Gott!«

Ich weiß nicht, ob sie fromm sind. In ihren Liedern werden mitunter Gebete erwähnt, zum Beispiel in dem schönen Sang, der schildert, wie ein unterwegs Gestorbener ins Meer versenkt wird. »Leise und auf sanften Wogen zieht ein Schifflein seinen Lauf.« Mit dem erfreulichen Beerdigungs- richtiger Einwässerungsrefrain:

Glori glori halleluja
Schön sind die Mädchen von Batavia!
Glori glori halleluja
Schöne Mädchen gibt es da.

Ihre Sprache

Es fällt ihnen nicht schwer, sich in fremden Häfen zurecht zu finden. Ihr Interessenradius ist klein. Die wenigen Ausdrücke sind leicht erlernt, wenigstens in den Hauptsprachen englisch, französisch, deutsch und spanisch.

Aber auch darüber hinaus verständigen sie sich leicht mit den Hafenleuten und Seeleuten anderer Völker. Ihre Ziele und Wünsche sind meist dieselben. Essen, Trinken und Weiber, meist in den dürftigsten Stadtteilen. Sie sprechen ein Mischmasch aus vielerlei Küstensprachen. Platt und Messingsch, Spanisch und Skandinavisch, Holländisch und Pidgin-English oder Bêche de mer.

So finden sich internationale Matrosen auch an Bord rasch zusammen. Einig im gleichen Beruf, in gleichen Instinkten und gebunden an gewisse allgemeine, zum Teil ungeschriebene Seemannsgesetze.

Da gibt es einen Ausdruck aus Sprachverquikkung »mi no savi«, den die Seeleute und Küstenbewohner aller Länder verstehen und der soviel bedeutet wie »Kannitverstan«. Mit diesem Ausdruck habe ich einmal ein gutes Geschäft gemacht. Ich lag mit einem Dampfer in Cardiff. Mein Haar war überlang und verwildert, und so ging ich, um es schneiden zu lassen, an Land, in den ersten besten Barbierladen. Ich hatte einen Schilling in der Tasche, nach meiner Erfahrung also reichlich mehr Geld, als ich brauchte.

Der Friseur machte sich eifrig an seine Arbeit, und wir führten dabei ein sehr lebhaftes, scherzhaft streitendes Gespräch auf englisch über den damals aktuellen Burenkrieg. Ich trat für die Buren ein, der Friseur für die Engländer.

Als er endlich fertig war, entstand ein seltsamer Dialog. Ich fragte: »Was bin ich Ihnen schuldig?«

Er sagte: »Zwei Schilling.«

Ich sagte: »Unmöglich, Sie scherzen wohl?«

Er schob meinen hingelegten Schilling zurück und sagte plötzlich sehr unfreundlich: »Nein. Zwei Schilling.«

Ich schob den Schilling vor. »Ich habe nur einen Schilling bei mir.«

Er schob achselzuckend den Schilling zurück. »Zwei Schilling.«

Ich schob den Schilling vor, legte meine silberne Uhr dazu und sagte: »Ich bin auf dem Schiffe so und so. Wir liegen dort und dort. Ich werde den anderen Schilling holen und bringen.«

Er schob Geld und Uhr zurück. »Nein. Zwei Schilling, oder ich rufe einen Polizisten.«

Ich zuckte die Achseln und steckte Uhr und Schilling wieder ein. Der Barbier verließ den Laden und schloß die Tür von außen ab.

Ich saß sehr unbehaglich da und nahm die Sache viel zu tragisch. Hin und her sinnend, faßte ich endlich einen Entschluß, über dessen Wirkung ich mir absolut nicht klar war.

Nach geraumer Zeit betrat der Barbier wieder den Laden. Ihm folgte einer jener langen und durch einen langen Helm noch verlängerten englischen Policemen. Der wandte sich sofort barsch an mich: »Sie wollen diesen Mann nicht bezahlen?«

Ich sah den Schutzmann dumm verständnislos an und sagte: »Mi no savi.«

Er: »Sprechen Sie nicht englisch?«

Ich: »Mi no savi.«

Der Barbier wurde krebsrot. »Wundervoll englisch spricht er«, schrie er, »wir haben uns über den Krieg unterhalten.«

Der Polizist zu mir: »Was sagen Sie dazu?«

Ich, dumm wie bisher: »Mi no savi. »

»Wo kommen Sie her?« »Zu welchem Schiffe gehören Sie?« »Wo liegt Ihr Schiff?« Ich antwortete auf alles: »Mi no savi!«

Der Schutzmann und der Barbier zogen sich zurück und flüsterten miteinander. Dann trat der

Schutzmann ruhig auf mich zu und – unbetont und ohne irgendwelche bezeichnende Handbewegung dazu zu machen – sagte er: »Gut, dann scheren Sie sich zur Hölle.«

Gottlob, ich merkte diese Falle und blieb still sitzen und antwortete wieder dumm verständnislos: »Mi no savi.«

Im nächsten Moment packte mich der Policeman am Kragen, der Barbier riß die Tür auf. Ich befand mich plötzlich auf der Straße und ging mit meinem Schilling vergnügt eins trinken. Auf das Wohl dieses Gauners und Dummkopfes.

Und schrieb das kleine Erlebnis etwas später nieder, und das Hamburger Fremdenblatt zahlte mir dafür acht Mark Honorar.

Ihre Gutmütigkeit

Matrosen genießen unter der Bevölkerung der Hafenstädte wenig Achtung, am wenigsten bei den Leuten, die an ihnen viel Geld verdienen.

Wenn ein heimkehrendes Schiff am Kai festmacht, dann lauert schon eine Rotte von betrügerischen Händlern, diebischen Huren, Bettlern und aussaugenden Schlaf- oder Heuerbasen auf die Seeleute. Und diese – unbewachte, eigensinnige, übermütige

Kinder, plumpsen zuverlässig in die Fallen, die ihnen gestellt werden.

Sie greifen mit breiten Flossen in ihre Geldtaschen, bemerken es nicht, wenn gelegentlich auch fremde Hände hineingreifen. Sie geben mitleidig und reichlich den Bettlern. Sie feilschen bei den Händlern nicht.

»Denn was nützt denn dem Seemann sein Geld, wenn's ihm schließlich ins Wasser reinfällt.« Und »Wenn das Geld versoffen ist, dann fahren wir wieder zur See!«

Sie füttern und beschenken stellungslose Kameraden, die sich an Bord einfinden.

Sie sind gutmütig wie die Bergleute, Schornsteinfeger und Artisten, wie meist Leute sind, die viel im Freien und unter Lebensgefahr schaffen oder häufig sterben sehen. Wie Leute, die etwas Positives leisten müssen, die nicht markieren, sich nicht um ihre Arbeit herumdrücken können.

Zwei mir bekannte einfache Fahrensleute mußten auf einer Urlaubsreise nach einer Abschiedssauferei in einem Gasthof sechster Güte übernachten. Das gemeinsame Zimmer kam ihnen aber äußerst vornehm vor, und das bedrückte sie sehr. Da sie aber stark besoffen waren, schliefen sie doch in ihren Betten bald ein. Plötzlich erwacht Hein und übergibt sich. Ohne sich aufzurichten. Er versucht weiterzuschlafen, was ihm aber nicht gelingt, weil ihn der Gedanke quält, was das feine Gasthofsfräulein morgen zu der Sauerei sagen würde. Plötzlich hört er Stüven glucksen. Hein fragt: »Du, was hast du?«

»Hein, ich muß kotzen!«

»Hierher, um Gottes willen!« ruft Hein. »Mein Bett ist nun einmal schon eingesaut.«

Und Stüven springt auf und beugt sich tief über Hein, und Hein rührt sich nicht, schließt nur die Augen. –

Ihre Gutmütigkeit gibt sich grob, aber ehrlich. Matrosen sind ehrliche Leute.

Sie vergreifen sich manchmal an der Schiffsladung. Nicht nur, wenn sie vor Hunger sich nicht anders zu helfen wissen. Nein. Schiffsgüter gelten bei ihnen als unpersönliches Eigentum, als etwas Vogelfreies, wenn nur der Kapitän nichts bemerkt. Wie auch andere und die meisten Menschen sich freuen, wenn sie dem Fiskus etwas abzwacken oder vorenthalten können.

Ich besinne mich auf ein riesiges Faß Malaga, das an Deck zwischen anderem Stückgut stand. Wir Matrosen gaben ihm im Vorbeigehen manch heimlichen Fußtritt. Und als dann eines Tages eine kräftige Brise die ersten Sturzseen über das Schiff fegte – und durch einen nachhelfenden Seestiefelabsatz –, bekam das Faß wirklich ein Leck. Nun rasten wir mit allen aufzugreifenden Gefäßen herbei, um den strömenden Wein aufzufangen. Töpfe, Flaschen, Tassen,

Kannen, Waschbalgen, Pißeimer, Mützen, sogar eine leere Petroleumkanne mußten herhalten.

Es folgte eine Zeit unerhörter Bezechtheit. Wer den Sachschaden tragen und ob der unter Force majeure gebucht würde, das machte uns kein Kopfzerbrechen.

Andermal luden wir in Spanien Korkballen und außerdem Kisten, welche Ölsardinen in Dosen enthielten. Auf der Weiterfahrt schlichen wir uns in den Laderaum, erbrachen die Kisten, nahmen die unteren Dosenschichten heraus und legten statt dessen Korkstücken hinein. Dann nagelten wir die Kisten wieder sorgfältig zu.

Revolutionäre

Seeleute erleben die sozialen Gegensätze zwischen arm und reich, zwischen Befehlen und Gehorchen viel krasser als Landarbeiter und Landsoldaten.

Sie sahen an Bord, als knapp gehaltene Schwerarbeiter, neben sich das Faulenzen der Passagiere und deren luxuriöse Bequemlichkeiten. Sie sahen auf monatelangen Reisen elegante Herren mit schönen, zart gekleideten Frauen flirten. Und holde Kinder spielten an Deck. Die Matrosen betrachteten das so, wie arme Kinder durch Schaufenster auf Wunder von Süßigkeiten blicken.

Es war ja ein interessantes, wechselndes und ablenkendes Schauspiel. Es war wie Kino für sie. Auch fiel dabei sonst manches Angenehme für sie ab.

Als ich mit dem großen Schnelldampfer Columbia nach New York fuhr, schickten wir – wenn Sturm war – abends nach dem Souper der Passagiere unsere Jungens mit großen Blechschüsseln vor die Kombüse. Sie hielten die Schüsseln dort vor die Bullaugen, und der Koch warf ihnen hinein, was von den Speisen der Seekranken übriggeblieben war, alles bunt durcheinander. Fleischstücke, Bratensaucen, Weintrauben, Hummermayonnaise, Schlagsahne, Pudding, Gemüse. Wir nannten diese willkommene Spende den »Omnibus« und wünschten uns seinetwegen jeden Tag Windstärke 12, Orkan.

Matrosen sind nicht neidisch. Sie können lange, lange entbehren, dulden und sich bescheiden. Sie verlangen an Bord nur ausreichend Futter und wollen in Hamburg abends an Land gehen, in die Kleine Freiheit.

Aber wenn der Bogen einmal springt, wenn die Bedrückten, die Unterdrückten sich erheben, dann stehen die Matrosen an der Spitze. Es ist kein Zufall, wenn Revolutionen bei den Marinen einsetzen. Matrosen sind vielseitiger, geschulter, welterfahrener als das Landvolk. Sie haben zu ihren seemännischen Kenntnissen, die vom Sternenhimmel bis zum Meeresboden tasten, auf Kriegsschiffen noch Signalsprachen, Infanteristisches, Artilleristisches und hunderterlei anderes gelernt. Sie kennen fremder Länder Sitten und Sprachen. Viele von ihnen haben schon an politischen Aktionen teilgenommen, und an Bord verbrachten sie Tage und Nächte in nächster Nähe von höchsten Persönlichkeiten.

Ihr Respekt war immer nur ein vernünftiges Sicheinfügen in erkannt Notwendiges, niemals ein blödes Sichbeugen vor unbegriffener Überlegenheit.

Auf Kauffahrteischiffen kommen Meutereien erklärlicherweise noch häufiger vor.

AUTOBIOGRAPHISCHES

Geboren bin ich am 7. August 1883 zu Wurzen bei Leipzig, und die Neigung zum Schriftstellern, die mich von frühen Jahren an begleitet, habe ich wohl zum Teil vom Vater mitbekommen. In Leipzig besuchte ich sehr vorübergehend ein Gymnasium und erwarb auf einer Realschule das Einjährig-Freiwilligen-Zeugnis. Eine unbändige Abenteuerlust ließ mich den Seemannsberuf wählen. Ich fuhr als Schiffsjunge, Leichtmatrose und Matrose auf Seglern und Dampfschiffen einige Jahre lang, nach Süd-, Zentral- und Nordamerika. Afrika, Spanien, Rußland – nach etwa 22 außerdeutschen Ländern. Einige davon lernte ich näher kennen, indem ich mehrmals desertierte und mich dann, meist mittellos, herumtrieb, bis ich irgendwelche Beschäftigung fand. So war ich einmal Verwalter eines recht wilden *Boarding-House*, ein andermal »Schlangenbändiger« in einer Jahrmarktsbude. 1904/5 erledigte ich meine Militärzeit bei der Kaiserlichen Marine. Hierauf absolvierte ich eine zweijährige kaufmännische Lehrzeit bei der Ruberoid-Gesellschaft in Hamburg, die mich dann in Leipzig als Kommis beschäftigte und später von Frankfurt a. M. aus Hessen bereisen ließ. Nebenbei schrieb und zeichnete ich für Reklame. Meine Immatrikulation an der Leipziger Universität mußte ich bald aus pekuniären Gründen rückgängig machen, und nachdem mein unüberwindlicher Wandertrieb mich erfolglos als fahrender Musikant mit der Mandoline nochmals nach Holland, Belgien und England geführt, eröffnete ich in München ein kleines Zigarrengeschäft, das gute Freunde und Mangel an Kapital nach neun Monaten aus dem Gleichgewicht brachten. Ich ging den lustigen, luftigen Weg der Boheme durch die Münchner Künstlerkneipe »Simplicissimus« und beschloß endlich, mich ganz und ernster auf meine Feder zu verlassen. Mein Leben bisher war oft bitter hart und fast immer einsam gewesen; erst später fand ich einige, aber tüchtige, wertvolle Freunde. Ich hatte, durch eigene Schuld, Not und Elend miterlebt. Diese Jahre waren aber auch ungemein interessant und reich an seltenen Bildern und Erlebnissen gewesen. Besonders das weite Meer und das große Weltgetriebe wirkten mächtig ergreifend und anregend auf mich …

Aus einem vertrauten Gespräch mit Freunden

Ich bin überzeugt, daß mein Gesicht mein Schicksal bestimmt. Hätte ich ein anderes Gesicht, wäre mein Leben ganz anders, jedenfalls viel ruhiger verlaufen. Am meisten bekam ich zu hören, daß ich jenen Köpfen gleichsehe, die aus einer Witzkiste an langen Spiralfedern hervorschnellen. Boys, der Wein ist gut! Die Wirtin Kathi Kobus hat mich in die Schule genommen, Schwabing. »Die elf Scharfrichter«, Wedekind, Wolzogen, Mühsam. Dort scheiterten meine ersten Versuche. Drum machte ich andere, auf anderen Gebieten. Zum Beispiel im Leben. Ich habe es selbstverständlich weit gebracht. Ich bin Mitarbeiter des »Simplicissimus« und der »Weltbühne« Jacobsohns. Apropos, »Simplicissimus«! Der alte Grimmelshausen hat verdammt auf mich gewirkt, dann Rabelais, dann Tristram Shandy, Gontscharow, der Däne Bergsøe mit seiner »Alten Fabrik« und der »Anton Reiser« des Karl Philipp Moritz. All diese Werke empfahlen mir alte Freunde, denn ich kannte jene kaum dem Namen nach, ich, der Autodidakt. – Wie, Walt Whitman? Sie nahmen es als selbstverständlich an, daß ich ihn kenne? Nein, kenne ich leider nicht.

An der Alten Elster

An der Stelle, wo wir wohnten, floß die Alte Elster zwischen zerklüfteten Abhängen trüb und ernst dahin. Unsere Straße säumte ihr linkes Ufer und hieß danach »An der Alten Elster«.

Von unserem hohen Stockwerk aus hatten wir über den Fluß hinweg einen weiten Ausblick. Da waren – für uns Kinder unermeßliche – blumige Wiesen. Ich sah über diesem Gelände einen Fallschirmabsprung aus einem Freiballon. Der Schirm entfaltete sich nicht. Aus den Gesprächen erwachsener Leute entnahm ich dann, daß der kühne Springer ein Bein gebrochen hätte. Hinter der Wiese parallel zum Fluß eine Chaussee mit gleichmäßigen Bäumen. Um eine gewisse Stunde schritt dort eine lange Reihe von gleich aussehenden Bauersfrauen mit Tragkörben vorbei. Wie Tillergirls. Berta machte mich lachend darauf aufmerksam, daß diese Weiber plötzlich alle wie auf Kommando stillstanden und Pipi machten. Ich verstand Berta nicht ganz.

Noch weiter im Hintergrund lag die Sporthalle. Ich sah sie abbrennen. Berta hatte mich dazu geweckt.

An der Alten Elster spielte meine Kindheit, spielten drei Geschwister: meine zwei Jahre ältere Schwester, mein vier Jahre älterer Bruder und ich. Die Altersunterschiede waren derzeit belanglos. Wir hatten unsere Freunde und Freundinnen. Auch das Geschlecht spielte keine Rolle. Es waren verwahrloste Armeleutekinder unter uns. Wir hatten auch Feinde und führten erbitterte und unbedacht gefährliche Schlachten mit ihnen. Die von der Fregestraße waren besonders rohes Pack.

Abgesehen von den allgemeinen, überlieferten Kinderspielen unternahmen wir, was Großstadtkindern nach gegebenen dürftigen Gelegenheiten einfällt. Ein Lastwagen – ohne Pferde, ohne Kutscher – wurde erklettert. Eins von uns machte sich an der Bremse zu schaffen. Wie schrien wir, als der Wagen plötzlich ins Rollen geriet! Ein schimpfender Riese brachte ihn endlich zum Stehen.

Beim Soldatenspiel trugen die Ruhmreichsten von uns schwere Metallschilde, geflochten aus den Blechstreifen vom Abfall einer Blechfabrik. Wir kamen mit Beulen, Blut und Teerflecken bedeckt nach Hause und wurden bestraft oder gescholten. Gescholten auch dann zum Beispiel, als Ottilie und ich eines Tages der Mutter freudestrahlend ein totes Huhn brachten, ein Strandgut, das wir mit Aufregung und Lebensgefahr aus dem Wasser geborgen hatten. Mit Ottilie hatte ich eine Geheimsprache: die Mongseberrongsprache. Mongseberrong hieß bei uns Stachelbeere. Was wir aber weiter in dieser Sprache redeten, war purer, unverständlicher Quatsch und wurde nur vor anderen Kindern gequasselt, um uns als Ausländer sächsisch wichtig zu tun. – Wir drangen in fremde Hausflure ein, durchstreiften forschend wunderreiche Kellergänge. Weil uns niemand so ernst nahm, um einzuschreiten, stolperte meine Schwester in der Düsterheit und fiel in einen Korb mit Harzer Käse. – Wir fanden ausgespuckte Pflaumenkerne im Hof, knackten sie mit unseren Stiefelabsätzen auf und aßen die blausäurigen Kerne. Unsere empfindlichen Eltern verübelten uns diesen Sport. – Bei manchen Spielen gebrauchten wir Metallstücke, Tonkugeln, Holzpflöckchen und anderes. Aber fremdartiges Material reizte unsere Neugier am meisten. – Wir kamen zu spät, mit bösem Gewissen, nach irgend etwas abscheulich stinkend, heim ins Elterngericht.

Für mich war der größte Eindruck der Fluß mit seiner Uferromantik. Zwischen den Löchern und dem wirren Gestrüpp der steilen Abhänge kletternd, kämpfend, forschend, erlebte ich die Abenteuer meiner Sehnsucht voraus. Der Fluß trug seltsame Gegenstände vorbei. Am andern Ufer war eine Pferdeschwemme. Es war ein spannendes Schauspiel, wenn dort Rosse ins Wasser geritten oder geführt wurden. Einmal, zweimal trieben dort Leichen an. Noch unheimlicher waren die hohen alten Pappeln an unserem Ufer. Die hohen Pappeln mit ihrem zitternden und schillernden Blättermillionen-Gewoge. Im

Sturme neigten sie sich so beängstigend tief hin und her, als drohten sie, jeden Moment auf uns hereinzubrechen. Sie rauschten unsagbar unheimlich in meine einsame Kinderphantasie.

Wenn der kleine, verwachsene Brotmann zu meinen Eltern kam, erhielt er von uns die angesammelten Knochenreste für den mageren Hund, der sein Wägelchen ziehen half. Vom Fenster aus sahen wir dann zu, wie das Brotmännchen sich auf das Holzgeländer unter die Pappeln setzte und die für seinen Hund bestimmten Knochen erst selber noch einmal gründlich abnagte.

Wo die Pappelallee endete, stand hinter einem verstachelten Zaun zwischen wucherndem Unkraut ein fahles, totes Haus. Unter uns Kindern war die Überzeugung verbreitet, daß dort Jack hauste. Der berüchtigte Jack, von dem wir sangen:

> Seht einmal, dort sitzt er,
> Jack, der Bauchaufschlitzer.
> Holte sich ein Weibchen,
> Schnitt ihm auf das Leibchen,
> Holt sich Lung' und Leber raus,
> Machte sich ein Frühstück draus.

Ich habe ein Ölbild gemalt, dem ich den Titel »Am Fluß« gab. Und mein Rowohlt-Buch »Flugzeuggedanken« enthält ein Gedicht: »An der Alten Elster«:

Wenn die Pappeln an dem Uferhange
Schrecklich sich im Sturme bogen,
Hu, wie war mir kleinem Kinde bange! –
Drohend gelb ist unten Fluß gezogen.

Jenseits, an der Pferdeschwemme,
Zog einmal ein Mann mit einer Stange
Eine Leiche an das Land.
Meine Butterbemme
Biß ein Hund mir aus der Hand. –
O wie war mir bange,
Als der große Hund plötzlich neben mir stand!
Längs des steilen Abhangs waren
Büsche, Höhlen, Übergangsgefahren. –

Dumme abenteuerliche Spiele ließen
Mich nach niemand anvertrauten Träumen
Allzuoft und allzulange
Schulzeit, Gunst und Förderndes versäumen. –
Hulewind beugte die Pappelriesen.
O wie war mir bange!

Pappeln, Hang und Fluß, wo dieses Kind
Soviel heimlichstes Erleben hatte,
Sind nicht mehr. Mir spiegelt dort der glatte
Asphalt Wolken, wie sie heute sind.

Beide Arbeiten entstanden 1929, beide entkeimt aus den Erinnerungen an meine Kindheit an der Alten Elster, sechsunddreißig Jahre und länger zurück.

Auf der »Florida«

Am 30. Dezember 1901 musterte ich in Bremen auf der »Florida« an. Das war ein Frachtdampfer aus Lussinpiccolo, der auf wilde Fahrt ging. Fünfundzwanzig Mann Besatzung, dabei einundzwanzig Nationen vertreten, in der Mehrzahl italienisch sprechende. Ich erhielt eine Monatsheuer von zwanzig Mark. Dies Geld wurde, wie das auf allen Schiffen Brauch war, nach Beendigung der Reise ausbezahlt, aber in den Zwischenhäfen gab man auf Wunsch kleinere Vorschüsse.

Vor allen Dingen aß ich mich nun erst wieder einmal zu Kräften. Der Kapitän hieß Nacari. Er hatte eine rauhe Stimme und trug sich malerisch und bunt. Mit mir und einem Amerikaner sprach er englisch. Mit den anderen Leuten italienisch.

Wir holten in England Kohlen, die wir nach Venedig brachten. Unterwegs hatten wir schlimme See. Ich half erst in der Küche, ehe ich Decksmann wurde. Dann mußte ich für einen erkrankten Trimmer einspringen und in der Hitze des Maschinenraumes vor sechs Feuern Kohlen schaufeln. Stieg ich dann an Deck, so empfing mich eine abscheuliche Kälte.

Es war auch in Venedig kalt und regnete viel. Aber

die Stadt gab mir doch seltsame Eindrücke. Von Bordkameraden geführt, die dort heimisch waren, bekam ich eigentümliche Spelunken und ungewöhnliche Privatverhältnisse zu sehen und erlebte allerlei. Auf den Straßen feierte man Karneval. Nacaris Frau kam mit einem zehnjährigen Töchterchen an Bord. Das wunderhübsche Kind ließ sich immer wieder deutsche Lieder von mir vorsingen.

Ich sammelte für mich und die Geschwister Münzen, Medaillen, Briefmarken, Zigarettenbildchen und Zündholzschachteln.

Wir dampften nach Konstantinopel. – Ich lernte bald so viel Italienisch, daß ich mich mit den anderen im Notwendigsten verständigen konnte. Es waren lebhafte, recht naive, aber nicht sehr saubere Burschen. Wenn sie sich mittags Brot in die Suppe brockten, dann taten sie's nicht mit der Hand. Sondern sie bissen die Stücke mit den Zähnen ab und spuckten sie in die Teller. Und wenn jemandem bei Tisch ein Wind entfuhr und niemand das dann gewesen sein wollte, dann ging der angesehenste Matrose von Platz zu Platz und beroch jeden ganz ernsthaft hinten. Sie konnten auch sehr jähzornig werden. Ich hatte leidenschaftliche Schlägereien mit einem Mann aus Kalabrien. Leider waren unehrliche Leute an Bord. Ich wurde bestohlen.

Von Konstantinopel fuhren wir nach Nikolajew am Schwarzen Meer. Das war eine kalte Fahrt. Große

Eisschollen trieben im Meer. – Ich las in der Freizeit Mark Twains Skizzen und die drei Musketiere von Dumas.

In Nikolajew drang viel deutsche Sprache an mein Ohr. Deutsche Händler und Handwerker kamen an Bord, Schuster und Schneider, viel Juden und ein von uns gierig beglotztes Wäschemädchen. Alle ließen sich von uns Kaffee und Schiffszwieback vorsetzen. Dann erschienen Zollbeamte und ein Arzt. Die durchsuchten und untersuchten uns. Ich fand die wohl geschriebenen, exakten und herzlichen Briefe von Vater vor, die schon durch ihren grellroten Umschlag hervorstachen, die winzig dünn geschriebenen, besorgten von Mutter, die überzärtlichen von Ottilie und die burschikosen Glückauf-Karten von Wolfgang. Mein Tollerscher Schulfreund Tausig teilte mir mit, daß er nach Westafrika führe.

Ich zog über Nacht mehrere Hemden an, weil ich sehr fror. Morgens war ich froh, wenn Luca, der Boy, den Kaffee brachte, und war wenig erbaut, wenn uns gleich danach der einäugige Bootsmann zur Arbeit holte. Wir mußten das Eis loshacken, mit dem das Schiff bedeckt war, mußten Schnee fegen, Messing putzen, die Ruderketten reparieren und all das in bitterer Kälte und in einem Gewühl von hundert russischen Schauerleuten.

Es trieb sich viel Gesindel herum. Obwohl wir gewarnt waren und sofort Posten aufgestellt hatten, stahl man uns gleich nach unserer Ankunft am lichten Tage die Messingeinfassungen einer ganzen Bullaugenfront.

Korn luden wir. Zwei eiserne Rohre spien es aus großen Speichern in den Schiffsbauch, wo Stauer und Stauerinnen es mit Holzschaufeln verteilten und glattstrichen. Wir Matrosen breiteten Säcke darüber und nähten diese zusammen. Dabei wateten wir in Korn wie in einem Teich. Mittags *buono appetito* und recht gutes Essen: unzerkleinerte Bratkartoffeln, ich glaube *patati arrosti* genannt, – *Maccaroni* – *Polenta* oder Parmesankäse mit Zimt.

Wir arbeiteten wieder bis sechs Uhr. Dann wuschen wir uns, zogen uns fesch oder akkurat an und stürmten an Land. Mit meinem intimsten Kameraden, dem Amerikaner, unternahm ich eine lustige Wagenfahrt, die nur einen Rubel kostete. Wir wollten den zerlumpten Kutscher verhauen, weil er uns um zehn Kopeken betrog. Aber sein einfältiges Gesicht rührte uns zu sehr.

Am liebsten wäre ich immer allein ausgegangen. Da aber meine Vorschüsse nicht ausreichten, schloß ich mich fremden Kapitänen und Steuerleuten an, die ich kennengelernt hatte. Sie duldeten mich gern, weil ich gebildeter und frecher als die meisten Matrosen war. Diese Herren ließen viel Geld springen und brachten es in einem Bordell fertig, alle nicht seemännischen Gäste hinauszukaufen. Das heißt deren Zeche zu übernehmen und ihnen die Tür zu weisen. Die Bordelle empfingen uns mit offenen Armen. Für uns Seeleute waren sie sogar sonntags geöffnet. Es gab dort Mädchen im Alter von 10–60 Jahren. Man tanzte zunächst wie auf einem mondänen Ball zu weicher Musik und wählte dann sachlich.

Auch Odessa liefen wir an, um Maiskörner einzunehmen. Dann passierten wir Konstantinopel und die Dardanellen an einem herrlich blauen Ostersonntag und kamen nach Algier. Zehn pompöse englische Kriegsschiffe sichteten wir. Sie hatten Richtung nach Gibraltar und kamen vielleicht mit Kriegsverwundeten von Transvaal.

In Algier stellte sich ein langer zerlumpter Österreicher ein. Er sei von der Fremdenlegion desertiert und wolle sich gern nach Europa zurückarbeiten. Kapitän Nacari jagte ihn rauh von Bord. Als wir dann später den Hafen verließen und schon auf offener See dampften, entdeckten wir den Österreicher an Bord. Er hatte sich bis an den Hals in die Kohlen eingegraben, daß nur sein Kopf herausragte, was sehr unheimlich aussah. Mehrere Tage hatte er hungernd in dieser Lage zugebracht. Der Kapitän fluchte. Wir sollten dem blinden Passagier nichts zu essen geben. Er müßte totgeschlagen und dann noch aufgehängt werden. Das war so Nacaris Stil. Natürlich fütterten wir den Österreicher heimlich doch. Dagegen gaben es die Italiener nicht zu, daß er unser Logis betrat.

Er mußte auf einem Brett im Kohlenbunker schlafen. Mit der Zeit wurde Nacari etwas weicher und erlaubte dem »Hundesohn von Schwein Gottes« mitzuarbeiten. Der lange Deserteur setzte sich also zu uns auf das heiße Eisendeck und sollte wie wir durch wuchtige Hammerschläge den Rost von den Planken klopfen. Dabei stellte sich heraus, daß er ein ganz fauler Bursche war. Er holte zwei-, dreimal mit dem Hammer aus, dann ließ er ihn sinken und schlief ein. Vielleicht war er noch erschöpft von langen Entbehrungen und Strapazen.

Wir fuhren durch den Kanal nach Hamburg, wo wir am 17. April 1902 eintrafen. Ich hatte mich so daran gewöhnt, italienisch oder englisch zu reden, daß ich in kurze Verlegenheit geriet, als mich der Hamburger Lotse deutsch ansprach. Ich konnte ihm die ersten Fragen nur stockend beantworten.

Die Polizei erschien und nahm den Österreicher aus mir unbekannten Gründen in Gewahrsam.

Ich hatte mich an Bord wohlgefühlt. Dennoch gab ich die Stellung dort auf und beschönigte diesen Leichtsinn mit der nicht ganz unrichtigen Erklärung, daß mir Dampferfahrten für meine Karriere wenig nützten, daß ich vielmehr Seglerfahrzeit brauchte. Aus Briefen und anderen Papieren ersehe ich, daß man mir 35 Mark und 20 Pfennige auszahlte, mir ein gutes Zeugnis gab und daß ich an Land hintereinander zwei Beefsteaks, eine Bouillon, vier Semmeln, Wurst, einen Eierkuchen und Feigen verspeiste. –

Einige Anekdoten und Erlebnisse von dieser Reise auf der »Florida« wie auch von anderen, späteren Reisen sind bereits in einem Buch veröffentlicht. Es heißt »Matrosen« ... Ich möchte die dort publizierten Erinnerungen hier nicht noch einmal aufwärmen ...

Ein besseres Hotelzimmer vertauschte ich bald mit der gewohnten Pension bei Krahl. Wieder ging ich auf die Suche nach einem Schiff. Der Araber und der Amerikaner schlossen sich mir an; sie hatten ebenfalls die »Florida« verlassen. Wir mieteten ein Ruderboot und fuhren im Hafen von Segler zu Segler. Denn nur ein Segelschiff sollte es sein und womöglich ein ausländisches. Ich suchte deshalb auch abends solche Lokale auf, wo Ausländer verkehrten. Es gab einige, wohin speziell Engländer und Amerikaner gingen. Es gab italienische und skandinavische Kneipen. Auf dem Schaarmarkt war ein Negerlokal, wo sich Schwarze, Mulatten, Kreolen und andere Farbige trafen. Der Wirt hieß Jim Java und war ein Liberianeger. Nach der Sitte seiner Heimat trug er über Stirn und Nasenrücken einen blauen, eingebrannten Streifen. Es ging wüst in seiner Kneipe zu. Man tanzte *Step* und *Machiche* und brüllte Lieder aller Sprachen. Einmal saß ich dort mittags mit einem in Lumpen gehüllten Neger, der mich um einen

Penny anbettelte. Ein wohlgekleideter Amerikaner kam an unseren Tisch. Der schenkte dem Neger ein englisches Pfund. Der Neger verschwand grinsend, kam nach einer Weile strahlend zurück. Was hatte er sich für das Pfund gekauft? Allermodernste weiße Schuhe. – Ich war selbst recht abgerissen. Mein teerbeflecktes Monkey-Jackett konnte ich an Land nicht mehr tragen. Meinem Gehrock war ich zu breit geworden. Und was ein schlechter Schneider aus meines langen Vaters abgelegten Kleidern schuf, das saß schlecht und verbrauchte sich rasch. Auf Drängen wohlmeinender Leute kaufte ich mir einen neuen Anzug. Es war ein Arbeiteranzug. Er kostete fünf Mark. Dazu trug ich meines Bruders abgelegte Gigerlkragen (vier Finger breit).

Täglich besuchte ich Kerner und Persson und Mapurko und Bade und Tomsen, und wie die Heuerbase alle hießen, ging zu Reedereien, zum *shipping-office* und zum Seemannshaus. Alles erfolglos.

München vor dem Kriege

Als der Sommer vorbei war, reiste ich noch für kurze Zeit wieder nach Eisenach und dann weiter nach München.

Diesmal konnte ich nicht bei Seelchen wohnen, weil sie ihre freien Zimmer schon vermietet hatte. So zog ich zu meinem lieben Freunde Oskar Dolch, der in seiner halb einfach, halb kostbar, mit Geschmack eingerichteten Wohnung ein Zimmer und ein Bett für mich übrig hatte.

Ich packte meine Bücher aus, die ich in Klein-Oels aus der Ressource-Bibliothek erworben hatte und die ich nun weiterverkaufen wollte. Das Ordnen und Katalogisieren nahm Tage und Wochen in Anspruch. Abends trat ich im »Simpl« auf, wo ich mit Hallo empfangen worden war und noch den alten Ruf genoß.

Dolch fuhr nach Paris in kunsthändlerischen Interessen und ließ mich allein in seiner Wohnung zurück. Das war eine interessante und lustige Parterrewohnung Ecke Barer- und Adalbertstraße. Sie lag zu ebener Erde, und Dolch war wie gesagt ein großer Frauenkenner und Frauenfreund. Daher kam es, daß ich schon in der ersten Nacht nach seiner Abreise kaum zum Schlafen kam. Weil immer wieder von mehr oder weniger zarten Fingern ans Fenster geklopft wurde. Ich schob die Gardine beiseite und winkte herein. Das nächstemal winkte ich ab. Das dritte-, vierte-, fünftemal reagierte ich überhaupt nicht. Das sechstemal winkte ich wieder herein. Ich lernte auf diese Weise sehr viele Mädchen aus verschiedenen Ständen kennen. Oftmals war ich besorgt, daß sie etwas stehlen könnten. Denn Dolch besaß außer großen, seltenen holländischen Ölgemälden auch kleinere und ganz kleine Kunstwerke, alte Meistergeigen, Miniaturen usw.

Es trat auch ein Fall von Diebstahl ein. Der verlief so: Abends, da ich es sehr eilig hatte, begegnete mir bei strömendem Regen ein ärmliches Mädchen, das mir durch sein hilfloses und verhungertes Aussehen auffiel. Nur deshalb sprach ich sie an. Sie erzählte, daß sie in Augsburg gewesen und nun zurückgekehrt wäre, aber in das Haus ihrer Tante, bei der sie wohnte, nicht hereinkönnte, weil die Tante anscheinend verreist wäre. Da ich zum Abendessen zu C. G. von Maassen eingeladen war und andererseits an Dolchs Kunstschätze dachte, sagte ich: »Liebes Kind, du kannst bei mir schlafen, aber ich muß ausgehen und muß dich einschließen.« Damit war das junge Ding dankbar einverstanden. Nachdem ich ihr noch etwas zu essen und zu trinken gegeben hatte, legte sie sich in mein Bett und schlief sofort wie ein todmüder Mensch ein. Ich schloß die Wohnung hinter ihr ab und eilte zu Maassen. Dort ergab sich wieder eines von den übermütigen Gelagen auf der Basis von Aristokratie, guter Kinderstube, Kunst, bibliophiler Literatur, Geist, Witz, politischem Unverständnis oder Uneinigkeit und Geschmack. Das alles verschieden auf die einzelnen verteilt. Aber das Zusammensein war bestimmt nicht langweilig. Das Fest, für uns damals ein Allnachtsvergnügen, dauerte bis etwa acht Uhr morgens. Ich schlenderte heim und fand in meinem Bett das inzwischen vergessene Mädchen noch in tiefem Schlaf. Da ich mich ein wenig in der Wohnung umsah, entdeckte ich, daß mir ein paar unbedeutende Gegenstände fehlten. In einer offenen Schachtel hatten zwei Paar Manschettenknöpfe gelegen. Das eine, aus schönem, chinesischem Gold hatte mir Onkel Martin einmal geschenkt, und ich hing daran und hänge heute noch daran, und es hängt heute auch noch an mir. Das also fand ich noch vor. Aber zwei andere wertlose, plumpe Manschettenknöpfe fehlten, große Stücke aus Zinn, Rennpferde in Peitschenverzierung. Leise durchsuchte ich die dürftigen Kleider der Schlafenden. Ich fand in ihrer poweren Handtasche zwei Schlüssel, meine Pferdeknöpfe und ein Notizbuch, in dem nichts weiter stand als »Ich wandle wie im Traum einher dem Paradiese zu«. Ich war sehr zornig über diesen Vertrauensbruch, weil ich ja von dem Mädchen nichts verlangt und gehabt, sondern ihr nur gegeben hatte. Ich wollte sie schlagen. Natürlich nicht im Schlaf, aber doch war ich damals so, daß ich, wenn auch in bester Absicht, sehr hartherzig vorging. Ich weckte sie, ließ sie sich waschen und ankleiden und frühstückte mit ihr. Dann sagte ich: »Halte einmal deine Hand auf. Ich will dir etwas schenken.« Da ließ ich aus meiner geschlossenen Hand jene Pferdeknöpfe in ihre Hand fallen. Das Mädchen sank in die Knie. Ich gab ihr eine Ohrfeige und sagte: »Die Polizei ist benachrichtigt und wird gleich kommen. Du hast mich belogen, ich weiß alles.« Sie weinte sehr und gestand, daß sie ihrer Mutter entlaufen wäre usw. Hier hätte ich spätestens abbrechen sollen, aber ich meinte, daß ich den Schreck, den ich ihr zur Lehre einjagen wollte, noch steigern müßte. So ging ich hinaus auf den Korridor, klingelte, markierte eine Flüsterunterhaltung und sagte zurückkehrend: »Die Polizei ist da, komm.« Da fiel das Mädchen steif wie ein Stock um. Ich hob sie auf und sagte: »Kind, tu so etwas nie wieder. Diesmal geschieht dir nichts, du bist jetzt frei.« Da flog sie davon, selig wie ein freigegebenes Vögelchen. Ich sah ihr durchs Fenster nach, und mein Herz klopfte noch lange in Aufregung.

Auch aus dem »Simplicissimus« verschleppte ich Weiber nach Villa Dolch. So eine englische Admiralsfrau, die den verstorbenen Maler Leistikow verehrte und mich in ihrer Betrunkenheit zuletzt mit ihm verwechselte und unaufhörlich sagte: »*Poor little Leistikow.*« Ich gab mich in solchen Fällen als Maler, wollte die betreffende, sich geschmeichelt fühlende Dame porträtieren, zeigte in der Wohnung auf die holländischen Meisterbilder an den Wänden mit der Bemerkung, daß das meine letzten oder frühere Arbeiten von mir wären. Dann drang ich darauf, daß die Dame den Busen entblößte, der ganz besonders schön wäre, also auch zuerst gezeichnet werden müßte. Ich fand bei Dolch große Pappstücke und auch Zeichenkohle. Mit ein paar einfachen Strichen skizzierte ich die Frauenbusen, dann brach ich meine porträtistischen Arbeiten ab. Als Dolch wieder von Paris zurückkehrte, fand er zu seiner Verwunderung hinter einem Schrank eine Menge Pappstücke, auf denen Kugelpaare gezeichnet waren.

Manchmal zogen wir – Freunde und Freundinnen mit Weinflaschen und Gitarren – zu dritt, zu fünft, zu zehnt noch spät nachts nach dieser Wohnung. Dort spielten sich dann phantastische Orgien ab, tanzten nackte Mädchen auf Tischen, während gleichzeitig gewisse Gruppen über Kupferstiche gebeugt, kunstverständig und gebildet diskutierten. Bis die roten Köpfe dampften und die Fensterscheiben blau wurden.

Endlich hatte ich die Aufstellung und Katalogisierung meiner Bücherei beendet. Maassen und andere bibliophil interessierte Freunde kauften mir einige anständig ab. Das andere bot ich einem Antiquar an. Der kam, riß die sorglich geordneten Bücher auseinander, warf auf einen Haufen diejenigen, von denen er sagte, daß sie noch einigermaßen zu gebrauchen wären, und bot mir schließlich dafür einen so niedrigen Preis, daß mich Zorn, Schreck und Enttäuschung darüber völlig verblüfften und ich die Bücher für dieses Schandgeld hingab. Auf ähnlich traurige Weise ging dann auch der Rest dieser schönen Büchersammlung auseinander.

In einem Hotel am Stachus wohnte die Königin von Neapel. Ich sah sie einmal, da sie vorm Portal aus ihrer Equipage stieg. Sie trug ein prächtiges Blumenbukett. Das schenkte sie einer ärmlich uniformierten Ritzenschieberin, die gerade dort stand, und schritt dann majestätisch ins Hotel. Das kleine, blöde Trambahnschienenweiberl sperrte wortlos den Mund auf und blickte ratlos auf die Blumen.

Ich zog wieder zu Seelchen in mein altes, behagliches Zimmer, und die goldige Tante sorgte für mich wie für einen Sohn, lud auch gelegentlich meine Freunde ins Haus. Nachts tingeltangelte ich im »Simpl«.

Einmal wollte ich einem Kinde als Geburtstagsgeschenk einen Beutel voller Kupferpfennige schenken. »Aus Alaska.« Ich hatte mir hundert bis zweihundert Pfennige zurückgelegt und fragte nun in einer Drogerie, wie ich diese Münzen blank machen könnte. Man gab mir Salzsäure. Ich saß in meinem Stübchen, hatte die Pfennige in eine Glasschale geschüttet und goß die Salzsäure darüber. Sofort füllte sich das Zimmer mit beißendem Rauch. Ich öffnete das Fenster, wollte die Glasschale auf den äußeren Fenstersims stellen, verschüttete etwas von dem Inhalt auf die Tischdecke, weil die Schale heiß war. Mittels einer Zange bugsierte ich sie etappenweise auf einen Stuhl, auf den Fußboden, auf den Waschtisch, dann aufs innere und dann aufs äußere Fensterbrett. Überall dabei die alles zerfressende Säure verspritzend. Als ich endlich den Hexenkessel mit Wasser zur Ruhe gebracht hatte, waren von den Kupfermünzen nur noch papierdünne Blättchen übrig.

Seelchen pflegte Verkehr mit Damen aus den Ersten Kreisen. Dadurch kam ich dazu, bei einer Wohltätigkeitsveranstaltung mitzuwirken. Der König von Bayern hatte sein Erscheinen zugesagt. Unter anderem wurde ein berühmtes Freskengemälde als Lebendes Bild gezeigt. Das stellte St. Franziskus einem Partner gegenüber dar. Und ich spielte darin, oder richtiger gesagt, ich stand schweigend, regungslos darin als Heiliger Franziskus. Kurz vor dem Auftritt wurden mein Gesicht, meine Hände und was sonst von mir nicht durch eine weiße Toga verhüllt blieb, mit einer weißen Flüssigkeit bestrichen. Der Vorhang ging auf. Ich dachte regungslos an den König. Ich merkte, daß die weiße Schminke ein kleines Bläschen auf meine Lippen bildete. Um das zu entfernen, öffnete ich unauffällig ein wenig den Mund, worauf aus dem Bläschen eine große Blase wurde. Der König kam aber um diese kleine Komik, weil eine ungeschickte Regie einen Harfenspieler so vor mir postiert hatte, daß er mich völlig verdeckte.

Man lebte in München damals sorgenlos und machte sich deshalb unbewußt künstliche Sorgen, indem man überkritisch oder übermütig wurde und am Kleinlichsten herummäkelte.

Ich suchte nach einem Beruf, ließ mich in Lewalters Kunstschule für Schaufensterdekoration für einen Kursus aufnehmen. Ein ziemlich trauriger Unterricht. Ein bißchen Theorie um den Goldenen Schnitt. Dann ein bißchen Praxis. Wir kriegten Kleiderstoffe, die wir drapieren mußten, oder Taschentücher oder Attrappen. Das Ganze zog sich kümmerlich so etwa zwei Monate hin. Ich bestand lächelnd das Examen, erhielt ein Zeugnis und auch sofort einen praktischen Auftrag.

Ich Schaufensterdekorateur sollte das Ladenfenster eines Delikateßhändlers in der Kaulbachstraße weihnachtlich dekorieren. Das wurde mir nach Vereinbarung bezahlt. Großen Eindruck machte es mir, daß mich der Ladenbesitzer während meiner Arbeit in ein Hinterzimmer rief, mir eine Riesentasse Kaffee und ein reichliches Essen vorsetzte und sagte: »So, lieber Mann, jetzt stärken Sie sich erst mal.«

Da er mir im übrigen völlig freie Hand ließ, glaubte ich nun, außer den erlernten technischen Kenntnissen auch meinen persönlichen künstlerischen Intuitionen freien Schwung geben zu können. Ich türmte Würstchendosen übereinander, kippte sie um, warf zwischen diesen gewollten Trümmerhaufen kunstvoll spielerisch verstreut Tannenzweiglein. Ich ließ eine Zervelatwurst wie ein Dornröschen verstrickt in Lametta hängen, ich verfolgte Perspektiven, unterbrach einen strengen Pyramidenbau aus Käsen plötzlich durch einen Teller niedlicher Pfeffergürkchen. Ich verlegte den Goldenen Schnitt um die Länge einer Gänsebrust, warf aber dafür sanfte Flokken von Watteschnee auf ein schweinisches Durcheinander von schamlosen Schinken. Als ich fertig war und mein Geld und obendrein Dank erhalten hatte, besah ich mir das Ganze noch einmal von außen. Da erkannte ich, daß es ein abscheulich kleinliches Kitschgebilde geworden war. Ich habe nie wieder ein Schaufenster dekoriert, aber ich respektiere diese Kunst.

Heiliger Abend. Weihnachten bei Seelchen, Weihnachten unter Junggesellen im »Simpl« bei Kathi Kobus. Weihnachten bei Grammophon, Schlagermusik und Tanz in großer Zechgesellschaft bei von Maassen. Der Weihnachtsbaum dort war nicht mit vergoldeten Nüssen und Lametta, sondern mit ausgeschnittenen und rückseitig obszön bemalten Figuren aus Modejournalen verziert. Maassen hatte immer überraschende Einfälle, und wie man zu denen auch stehen mochte, so war doch schon Maassens Eifer anerkennenswert.

Wieder kam ein Fasching, und als er zu Ende war, feierten wir in Schwabing ihn inoffiziell weiter. Immer neue Menschen lernte ich kennen. Außer dem »Simpl« gab es eine florierende Künstlerkneipe »Der Bunte Vogel«. Das Plakat dazu war von Weisgerber entworfen. Er hatte auch lustige Puppen geschnitzt, mit denen Unold, Foitzick und ich auf einer improvisierten Bühne Kasperletheater spielten. Die Wirtin Hedy König war eine temperamentvolle, beliebte Dame. Sie stand in einem freundschaftlichen Verhältnis zu einem sehr intelligenten Studenten namens Cortüm, einem kleinen, höchst schneidigen Burschen, der auch viel dazu beitrug, daß im »Bunten Vogel« ein ausgelassenes Tohuwabohu herrschte.

Und immer neue Menschen lernte ich kennen. Da war ein Offizier a. D. namens Utsch, der sein ganzes Leben damit verbrachte und darauf aufgebaut hatte nachzuweisen, daß ein Ahne von ihm jener »Jäger aus Kurpfalz« gewesen war.

Dann hielt Erich Mühsam wieder eine seiner politischen Versammlungen ab, zu denen man wie in ein Lustspiel ging. Andermal hatte Mühsam ein paar halbreife Burschen veranlaßt, eine mit Pulver und

Nägeln gefüllte Blechbüchse vor dem Rathaus zur Explosion zu bringen. Resultat: Von einem Rathausbaustein war eine Handvoll Mörtel abgefallen. Die Münchner Neuesten Nachrichten brachten einen Leitartikel »Das Bombenattentat Erich Mühsam«. Solche Sorgen hatte man damals dort.

Ich wurde Mitglied des Vereins Süddeutscher Bühnenkünstler. Maassen, Unold, Weisgerber, Hoerschelmann, Vegesack, der Maler Körting, Foitzick, Emil von Lilienfeld, Mühsam, Schulmann, Floerke, Queri, Roda Roda, Kubin, Hoerhammer und viele andere waren dabei oder zu Gast, nur selten ein Schauspieler und noch seltener ein Süddeutscher.

In einer kleinen Weinstube am Viktualienmarkt kamen wir zusammen, tranken viel Schoppenwein und führten brausend und wild improvisierte Opern auf, bis Polizeistunde. Die photographischen Blitzlichtaufnahmen aus jener Zeit zeigen, welch unerhört lebendige und überschäumende Besoffenheit uns beherrschte. Von dort zog man weiter. Die Straßen waren schon leer. Ein armseliges Strichmädchen stand im Schatten. Wir machten alle abfällige Bemerkungen über die »Alte Schlampe«.

Ein Betrunkener oder ein Handwerksbursche lag schlafend unter einem Torbogen. Emil von Lilienfeld ging zurück und steckte dem Schlafenden Geld in die Hosentasche. Wir andern folgten diesem Beispiel.

Einer von uns trennte sich, wollte nach Hause gehen. An der nächsten Ecke nahm ein zweiter Abschied, weil er sehr früh wieder aufstehen müßte. Bald danach sagte auch ich Adieu, ließ die anderen weitergehen, vermutlich in die Wohnung von Maassen, wo die Raben, die Burgunderflaschen und der Mokka warteten. Ich aber stieß zufällig mit den beiden anderen Freunden zusammen, die sich vor mir verabschiedet hatten. Wo? Im Schatten bei der alten Schlampe.

Der schlafende Bettler und die alte Schlampe: Das erlebten wir nicht in der gleichen Nacht. Aber wir erlebten jede Nacht etwas. Und immer bis zum hellen Morgen. Von dem Bier- und Weißwurstlokal Donisl, das früh um fünf eröffnete, ging man zu einem Café am Marienplatz, wo es schlechten Kaffee gab, aber wir blieben doch wenigstens zusammen. Man unterhielt sich mit dem selbsterfundenen Geographiespiel, bei dem die Verlierenden 10 Pfennige in eine Vereinskasse zahlten. Damit wir eines kommenden Tages einmal im Smoking vornehm bei Böttner zu Abend speisen konnten. Oder Emil mußte uns das rührende Vergißmeinnichtlied vorsingen. Das tat er gern und ärgerte sich doch trotzdem jedesmal, weil wir nicht über das Lied weinten, sondern vor Lachen über Emil prusteten.

Ungefähr dieselben Leute, die zum Verein Süddeutscher Bühnenkünstler gehörten, hatten eine

Geheimverbindung »Hermetische Gesellschaft« gegründet. Auch ich wurde dort aufgenommen, nachdem ich gewisse, mir vorgelegte Examensfragen beantwortet hatte. Allerdings so ungenügend beantwortet hatte, daß ich nicht als vollwürdig, sondern nur als »kleiner mittlerer Seitenvater Appendix« aufgenommen wurde. Ich war auch in dem anderen Verein und überhaupt in dieser Gesellschaft nicht so ganz voll angesehen.

Die »Hermetische Gesellschaft« war eine sehr gelehrte und mystische. Sie hatte nahezu eine eigene Sprache, hatte eigene Gebräuche, eigene, selbst gezeichnete Bilder an den Wänden, eine eigene Münzführung, eine geheime Kasse, geheime Namen und ein geheimes Sitzungsbuch. Etwas in mir sträubt sich, mehr zu verraten. Denn die »Hermetische Gesellschaft« ist nie formell aufgelöst worden, und wenn ich zuviel verriete, fürchte ich Rache. Eins will ich nur noch sagen: Daß wir es unserer Überzeugung nach waren, die eine damals gegründete Zeitschrift »Der Turmhahn« (Otto Ernst) zum Kentern brachten. Und daß wir es unserer Behauptung nach waren, die den Weltkrieg hervorriefen.

Da feierte einmal einer von uns, der Maler Körting, die Taufe seines jüngsten Kindes und lud dazu die ganze Hermetische Gesellschaft ein. Es ging sehr festlich zu. Nach dem Taufakt setzte man sich zur Tafel, und der Pastor wünschte in einer milden Rede

Glück und Segen für das getaufte Kind und dessen Eltern. Er mußte aber sehr erstaunt sein, als sich bald danach Unold ernst erhob und eine lange Rede, teils lateinisch, teils in hermetischen Worten hielt, wonach wir anderen hermetischen Väter unter sonderbaren Zeremonien sonderbare Geschenke und Urkunden für den Täufling niederlegten, ich eine Kette mit einem Schweinszahn. So begann dieses Fest, und es endete mit einer sehr peinlichen Schlägerei. Im Morgengrauen wanderte ich mit einer Gruppe heim. Jemand sagte zu mir: »Kleiner mittlerer Seitenvater Appendix, so wie das heute zuging: Das bedeutet Krieg.«

Ich blieb der kleine mittlere Seitenvater auch im Café Glasl, wo wir einen Nachmittagsstammtisch und eine dicke Stammkellnerin Tina, sogar ein kleine originelle Bibliothek hatten. Die Unterhaltung bestand aus einer übersättigten Witzelei, der ich wegen zu langsamen Denkens meist nicht nachkam. Erich Mühsam brachte etwa einen neuen Schüttelreim, sogar einen Schleifenreim:

Das war das schöne Fräulein Liebetraut,
Das an den Folgen einer Traube litt.
Da wurden ihr im Magen Triebe laut,
Worauf sie schnell in eine Laube tritt.

Und Maassen hatte sogar eine neue Dichtungsform gefunden, das Hugonott genannt, weil es mit Hugo beginnen mußte.

»Hugo«, sprach ich. Hugo nieste.
»Hugo«, sprach ich. Hugo spießte
Eine Filzlaus mit dem Pfeil.
»Hugo«, sprach ich, »Weidmannsheil!«

Politisches wurde hauptsächlich abends und besonders spät nachts erörtert, wenn die Köpfe vom Alkohol erhitzt waren. Die Affäre des Leutnants von Zabern gab Anlaß, dann die Ansprache des Kronprinzen: Ich freue mich auf den Tag, wo ich an der Spitze meines Regiments gegen Frankreich reiten werde. – Erregte stundenlange Debatten über die Möglichkeit und Aussichten eines Krieges. Maassen, der einen schneidigen Husarenoffizier zum Bruder hatte, war der festen Überzeugung, daß wir im Falle eines Krieges unseren Gegner mächtig verdreschen würden. Wenn Maassen sich in Begeisterung darüber ausließ, konnte man ihn sich vorstellen, wie er aus seiner schönen Bücherei herausritt in gestreckter Karriere, mit eingelegter Lanze, um an der Spitze seines Regimentes – –. Als schärfster Gegner dieser Ansicht trat der besonnene Dolch auf, der Sozialdemokrat und gegen den Krieg war. Zwischen ihm und Maassen kam es zu hitzigen Wortgefechten.

Ich stand mit Kopf und Herz ganz auf Dolchs Seite. Wir drei pendelten nachts oft noch stundenlang zwischen der Haustür des einen und der Haustür des anderen hin und her, um auszustreiten.

Es lag etwas in der Luft. Und uns ging es so gut.

Seelchen reiste nach Lengenfeld zur Sommerfrische. Ich blieb allein in ihrer Wohnung zurück.

Nach vierundzwanzig und achtundvierzig durchzechten Stunden gingen Maassen, Unold und ich einmal zunächst ins Ungererbad und dann durch den Englischen Garten, wo wir alles, was uns an Weiblichkeiten begegnete, jung oder alt, arm oder reich, schön oder häßlich, ansprachen und für einen bestimmten vordatierten Nachmittag in Maassens Wohnung zu Kaffee und Kuchen einluden. Als dieser Nachmittag anbrach, stand eine gedeckte Tafel mit reichlich Kaffee und Kuchen bereit. Wir hatten angenommen, daß von den dreißig geladenen Frauen zirka vierzehn kommen würden. Ich glaube, es erschienen sechs. Darunter waren eine dreiste Kokette, ein sehr unsicheres Dienstmädchen und eine Witwe aus Berlin, die eine Heilkräuteressenz fabrizierte, im übrigen aber eine gutmütige, arme und krampfadrige Person war.

Es lag etwas in der Luft. Und wir lebten zu gut.

Der Mord in Sarajewo wurde bekannt. Dem folgten die weiteren weltpolitischen Publikationen. Die Leute sammelten sich vor den Zeitungsgebäuden und vor den angeschlagenen Extrablättern. Man nahm Stellung. Man erregte sich. Im Café Fahrig erhoben sich plötzlich die Gäste und zerschlugen die Fensterscheiben, weil eine serbische Kapelle spielte.

Neue Mädchen lernte ich kennen, lustige, perverse, rührende. Einsame wie z. B. die schwindsüchtige Margot Fichtner.

Die Amseln pickten vor meinem Fenster in dem Futter, das ich ihnen gestreut hatte. Sie kamen von dem nahen Friedhof herüber, wo sie in den schönen Bäumen nisteten und flirteten. In diesem Friedhof lag Seelchens Mutter begraben.

Aber die Amseln nahmen nicht alles von dem Futter. Käserinden lehnten sie ab. Sie waren wählerisch und verwöhnt. Es war Juli. Juli 1914.

Verzeichnis der Gedichtanfänge und -überschriften

Wilhelm Busch
Das große Lesebuch
Band 90050

Ach, was muß man oft von bösen
Kindern hören oder lesen !!
Wie zum Beispiel hier von diesen,
Welche Max und Moritz hießen.

Diese Lausbuben sind in jedem Kinderzimmer zuhause. Wo
sie hinkommen, richten sie Unheil an. Witwe Bolte, Lehrer
Lämpel, Schneider Böck – »Wieder tönt es: ›Meck, meck,
meck!‹ / Plums! Da ist der Schneider weg!« Und niemand
kommt ungestraft davon, wenn es heißt: »Dieses war der
erste Streich …«

Das gesamte Programm von Fischer Klassik
finden Sie unter:
www.fischer-klassik.de

Fischer Taschenbuch Verlag

Kurt Tucholsky
Gedichte
Herausgegeben von Axel Ruckaberle
Band 90316

Die Ehe war zum jrößten Teile
vabrühte Milch un Langeweile
Und darum wird beim happy end
im Film jewöhnlich abjeblendt.

Kurt Tucholsky war nicht nur einer der scharfzüngigsten
Publizisten der Weimarer Republik, sondern auch ein meister-
hafter Lyriker. Wie die Prosa sind auch seine Gedichte und
Chansons ganz dem Tagesgeschehen, Privat-Alltäglichem
ebenso wie Politischem, zugewandt und scheren sich mit
ihrem schnoddrig-umgangssprachlichen Ton wenig um hehre
Traditionen. Genau dieses Unbekümmerte und Freche macht
seine Lyrik bis heute so vergnüglich und lebendig.

Das gesamte Programm von Fischer Klassik
finden Sie unter:
www.fischer-klassik.de

Fischer Taschenbuch Verlag